Manuel de Survie à une Rupture (et Comment Ne Pas Revenir avec Ton Ex)

RUBÍ ASTRÒLOGAS

Alina A. Rubi

Publié indépendamment

Auteur : Alina A. Rubi

Courriel : rubiediciones29@gmail.com

Commissaire : Angeline Rubi

Contact éditorial : rubiediciones29@gmail.com

Le début de la fin (et le début de quelque chose de nouveau)

Personne ne se réveille le lundi matin en pensant qu'il va perdre l'amour de sa vie entre des messages WhatsApp sans réponse, une liste de chansons tristes et une tasse de café chaud. Mais le voilà, lisant ces lignes le cœur brisé, les yeux un peu gonflés et l'âme essayant de convaincre son cerveau qu'il ne vaut pas la peine d'écrire à nouveau à cette personne qui a déjà clairement indiqué qu'elle ne voulait pas l'être. Ou pire, qu'il ne sait pas comment être.

Les ruptures ne sont pas accompagnées d'instructions, même si elles le devraient. Vous ne vous entraînez pas pour cela comme vous vous entraînez pour un marathon. Il n'y a pas d'échauffement, il n'y a pas de chronomètre, il n'y a pas de médaille. Il n'y a que le silence, l'angoisse, les pensées obsessionnelles et une voix intérieure qui se répète : « Et si tout était ma faute ? » Surprise : ce n'était pas le cas, du moins pas tout.

Ce livre est né de cette blessure que nous portons tous avec nous avec la dissimulation, de ce vide que nous laissons dans le lit quand quelqu'un part, et de cette tourmente émotionnelle qui survient sans invitation lorsque les choses ne se passent pas comme prévu. Mais cela découle aussi de la certitude que personne ne meurt d'amour, même s'il semble parfois que nous soyons à un pas du feuilleton dramatique avec larmes incluses.

Ici, vous ne trouverez pas de phrases d'auto-assistance ou de rituels pour attirer votre ex avec des bougies parfumées et une pleine lune. Ce n'est pas un manuel pour récupérer quelqu'un d'autre que vous. C'est un guide pratique, brutalement honnête et avec cette pincée de sarcasme nécessaire pour rire à travers les larmes.

Nous parlons de tout ce qui fait mal, de ce qui déroute, de ce qui brûle et de ce qu'il est difficile de lâcher. Mais nous rions aussi un peu de nos feuilletons mentaux, de l'époque où nous regardions comme des détectives maîtrisant l'espionnage numérique, et de ce moment glorieux où nous avons finalement verrouillé ceux qui devraient être laissés de côté.

Parce que oui, le cœur peut se briser, mais il peut aussi être reconstruit avec de nouvelles briques, de meilleurs choix et aucun désir de mendier de l'affection. Même ‘il y a une bonne chose à propos d'une rupture, c'est qu'elle peut être le coup de pouce dont vous aviez besoin pour revenir à vous-même, avec plus de force, plus de clarté et beaucoup moins de drame.

Bienvenue dans votre renaissance. C'est là que commence le voyage de retour à la maison : vous.

Reconnaître la douleur et la difficulté du moment

Accepter que cela fait mal est la première étape, même si parfois nous aimerions sauter directement à la partie où tout va déjà bien et rire de ce qui s'est passé en buvant du vin avec des amis en disant « Dieu merci, c'est parti ». Mais non, avant le toast vient l'automne. Et le nier ne fait que faire plus mal. Vous n'exagérez pas, vous n'êtes pas faible, vous ne dramatisez pas. Vous vivez une véritable perte, même s'il n'y a pas de cercueils ou de fleurs, même si personne ne vous présente ses condoléances.

Le cœur ne comprend pas la logique, ni les conseils bien intentionnés comme « quelqu'un de mieux viendra ». Ce qu'il comprend, c'est que quelqu'un qui faisait partie de sa vie quotidienne n'est plus là, que les routines ont été brisées, que les projets d'avenir ont été laissés flotter dans les airs comme des ballons sans propriétaire. Et ça fait mal. Parce que l'amour est investi de corps, de temps, de rêves et de confiance. Et quand il se brise, non seulement il brise le lien, mais il brise aussi des parties de vous que vous avez données sans demander de reçu.

Il y a des jours où sortir du lit est déjà un défi. Des moments où le silence pèse plus lourd qu'une dispute. Vous n'êtes pas fou si vous entendez sa voix dans votre tête, si vous contrôlez inertielle ment ses réseaux, si vous voulez l'appeler juste pour savoir si ça fait mal, même un peu. Vous devez reconnaître que vous êtes à cet endroit, dans ce trou inconfortable, c'est celui qui commence à faire bouger l'air. Parce que ce qui est nommé est transformé.

Ce n'est pas facile. Ce n'est même pas rapide. Mais vous êtes ici, vous ressentez, même si vous n'aimez pas ce que vous ressentez. Et cela, même si cela n'en a pas l'air, est une forme de résistance. Parce que ceux qui ressentent, vivent. Et qui ose le sentir même quand il brûle... Ils finissent par devenir plus forts que jamais. Alors, oui : vous êtes au milieu du chaos. Et cela, croyez-le ou non, est bon signe. Parce que du chaos naissent les renaissances les plus puissantes.

Attention : L'itinéraire n'est pas facile, mais il est possible et en vaut la peine

Soyons clairs dès le départ : il ne s'agit pas d'une recette magique, ni d'un sort infaillible pour effacer votre ex de la mémoire comme s'il était un spam émotionnel. Il n'y a pas de raccourcis ou de phrases inspirantes qui éliminent le vide du jour au lendemain. Ce qui existe, c'est un processus. Long, laid parfois, inconfortable presque toujours..., mais absolument nécessaire.

Vous êtes sur le point de trébucher. Avec des chansons, avec des souvenirs, avec des lieux, avec de vieux messages qu'il n'a pas eu le courage d'effacer. Vous aurez des rechutes émotionnelles, des jours comme « peut-être que ce n'était pas si grave » et « et si je t'envoyais un texto pour vérifier ton chien ? » Facile. Tout cela fait partie du voyage. Ce chemin n'est ni droit, ni propre, ni adapté à Instagram. Mais c'est le vôtre.

Il y aura des moments où vous voudrez abandonner. Rendre. À ceux qui sont peu connus. Pour les tièdes. À qui il ne donnait pas de repos, mais au moins il était familier. Et c'est là, sur cette courbe émotionnelle, que vous aurez besoin de vous rappeler le plus pourquoi vous êtes parti.

Parce que cela en vaut la peine. Parce que vous méritez plus. Parce qu'aimer ne devrait pas faire mal tous les jours.

Oui, je vous le dis avec une sincérité brutale : vous allez pleurer. Mais vous rirez aussi et découvrirez des parties de vous-même dont vous ne saviez même pas qu'elles dormaient. Vous construirez une nouvelle version de vous-même qui ne se contentera plus de miettes émotionnelles ou ne s'agenouillera plus pour attirer l'attention.

Donc, si à un moment donné vous avez l'impression de revenir en arrière, rappelez-vous ceci : la guérison n'est pas une ligne droite. C'est une danse maladroite. Et chaque pas, même ce que vous pensez revenir, vous apprend quelque chose. Ce n'est pas facile. Mais croyez-moi quand je vous le dis : c'est possible. Et, surtout, cela en vaut la peine. Parce qu'au bout du chemin ce n'est pas votre ex. Plus vivant, plus fort et beaucoup plus libre.

Accepter la réalité : le premier pas vers la guérison

Déni et choc : pourquoi est-ce que ça fait si mal ?

Lorsqu'une relation se termine, le premier instinct du cœur est de dire : « Cela n'arrive pas. » Votre tête le sait, des messages ignorés le confirment, même vos amis vous ont dit que ce n'était pas pratique pour vous. Mais il y a une partie de vous qui résiste, comme si elle était convaincue que tout cela n'est qu'un malentendu cosmique et qu'à tout moment cette personne frappera à la porte avec un visage repentant et un bouquet de fleurs bon marché.

Le déni n'est pas de la lâcheté, c'est de l'autoprotection. C'est le mode d'émergence de l'âme lorsque quelque chose se brise et qu'elle ne peut toujours pas se tenir debout toute seule. Et bien que cela puisse sembler inutile, ce déni fait également partie du processus. Le problème, c'est d'y rester longtemps, en justifiant l'injustifiable, en idéalisant ce qui faisait mal et en niant ce qui était évident.

Le choc, quant à lui, est ce vide qui vous laisse regarder le plafond sans savoir quel jour ne nous sommes ni pourquoi le corps pèse autant. C'est la vigilance du cœur qui ne comprend pas pourquoi quelqu'un qui a dit qu'il t'aimait maintenant ne répond même pas un « bonjour ». C'est comme si l'âme était entrée en collision frontale avec un mur et que le corps était toujours en pilote automatique.

Et ça fait mal. Bien sûr, ça fait mal. Non pas parce que vous êtes faible, mais parce que vous avez joué. Parce qu'elle a donné du temps, des rêves, de la tendresse. Parce que vous avez projeté un avenir et que cet avenir a implosé sous vos yeux. Ce qui fait le plus mal, ce n'est pas toujours l'absence de la personne, mais la chute de tout ce qu'elle a imaginé avec elle.

Accepter la réalité ne signifie pas arrêter immédiatement de pleurer ou courir dehors pour faire du yoga et des affirmations devant le miroir. Accepter, c'est se regarder sans filtre et se dire : « Oui, c'est fini. Il ne reviendra pas. Et même si ça fait mal, je continuerai. C'est cesser d'attendre des messages qui n'arrivent pas, des fins heureuses qui n'existent pas et des signes qui ne sont que des excuses déguisées en espoir.

Accepter, ce n'est pas abandonner. Il reprend le pouvoir. Parce que lorsque vous arrêtez de lutter contre ce qui a été, vous commencez à construire ce qui peut être. Même s'il ne sait pas encore comment. Même si au début vous marchez en tremblant. Le premier pas n'est pas franchi avec certitude. Il se donne avec courage. Et il a réussi. Même si vous ne le voyez pas aujourd'hui.

S'autoriser à ressentir : valider les émotions (tristesse, colère, peur, confusion)

Dans un monde où tout le monde semble pressé de « s'en remettre », s'arrêter pour pleurer peut sembler une faiblesse. Mais ce n'est pas le cas, c'est un signe que vous êtes en vie. Et surtout, c'est un signe que vous guérissez, même si cela semble le contraire. S'autoriser à ressentir, ce n'est pas sombrer dans le drame, c'est oser franchir le pont émotionnel sans anesthésie. Il s'agit de donner de l'espace à ce qui fait mal, afin qu'il ne reste pas coincé dans le corps masqué par l'insomnie, l'anxiété ou la colère mal dirigée.

La tristesse arrive comme une marée : silencieuse, constante et inarrêtable. Et ce n'est pas grave. Vous n'échouez pas parce que vous perdez, pleurez ou avez mal à respirer. Vous êtes en deuil. Vous dites au revoir à une partie de votre vie. Ne le minimisez pas. Ce que vous ressentiez était réel, même si l'autre personne était partie comme si de rien n'était.

Puis vient la colère. Celui qui brûle à l'intérieur et se déguise parfois en sarcasme ou en envie de casser le téléphone portable. Il est en colère parce qu'il a donné plus qu'il n'a reçu, parce qu'il a gardé le silence sur ce qu'il a fait de mal, parce qu'il a attendu des gestes qui ne sont jamais venus. Vous n'avez pas à justifier votre colère ou à la réprimer avec des phrases comme « vous devez être mature ». Être mature, c'est aussi savoir dire « jusqu'à présent » les yeux pleins de feu.

La peur se manifeste sous la forme de questions : et si plus personne ne m'aimait ? Et s'ils me décevaient à nouveau ? Et si vous ne vous en remettez jamais ? Répondez à cette question : la peur fait partie du paquet. Il est normal d'avoir peur de l'inconnu, surtout lorsque le familier était votre domaine habituel. Mais si l'amour que vous aviez vous a blessé, l'inconnu n'est pas si effrayant. Cela donne de l'espoir.

Et puis il y a la confusion. Ce nuage mental où vous vous demandez si vous avez bien fait les choses, si c'était votre faute, si vous auriez pu faire quelque chose de plus. La réponse est non. Il a fait ce qu'il savait faire avec les outils qu'il avait. Et si vous êtes confus en ce moment, c'est parce que vous réorganisez tout ce qu'il y a à l'intérieur. Les pièces du puzzle ne s'emboîtent pas tout de suite. Du temps.

Le sentiment ne vous rend pas faible. Réprimer, oui. Ce n'est pas le moment d'être fort par la force, ni de sourire quand on n'arrive pas à gérer son âme. Il est temps d'embrasser vos émotions comme un ami qui pleure avec vous sans vous dire de vous lever. Le sentiment fait partie du voyage. Et entendre tout, même le lait, vous rappelle que vous êtes toujours là. Respiration. Vivre. Se sentir de plus en plus soi-même.

Le deuil d'une relation perdue : les étapes et comment y faire face

On dit que les fractures ne peuvent pas être guéries, elles peuvent être franchies. Et pour les surmonter, vous devez d'abord comprendre que vous êtes en deuil. Oui, tout comme lorsque vous perdez quelqu'un physiquement. Parce que, même si l'autre personne est toujours en vie et publie des histoires sur la plage comme si de rien n'était, cette relation est morte pour vous. Et ce duel mérite le respect, le temps... et une bonne dose de compassion (de préférence avec vous-même).

Tout le monde ne vit pas le deuil de la même manière ou dans le même ordre, mais il y a des passages universels qui se répètent comme les messages que vous n'auriez jamais dû envoyer à trois heures du matin. Ici, je les présente avec sincérité et un peu d'humour, car si nous ne rions pas, nous pleurons à nouveau.

1. Rejet

« Ce n'est pas possible, je suis sûr qu'il est confus, il reviendra, c'est une épreuve de l'univers. » À ce stade, vous vérifiez toujours leur dernière connexion, analysez chaque mot du dernier message comme s'il s'agissait de code Morse, et faites des listes mentales de toutes les bonnes choses qu'ils avaient. Le déni est une façon de ne pas faire face à l'abîme, mais c'est aussi la porte d'entrée vers tout le reste. Ne vous en voulez pas. Ne restez pas et n'y vivez pas.

2. La colère

Soudain, vous voyez clairement tout ce que vous aviez l'habitude de justifier. Ce qu'il a fait de mal, ce qu'il a réduit au silence, ce qui a été ignoré. Et il est en colère. Beaucoup. Vous vous fâchez contre vous-même, contre votre ex, contre vos amis qui « ne vous ont jamais rien dit », contre l'horoscope qui vous promettait un amour éternel. Cette étape est puissante. Canalisez-le : courez, criez, écrivez, dansez du reggaeton malgré cela. Mais ne lui écrivez pas. S'il vous plaît.

3. Négociation

Les plus insidieux. « Et si on parlait ? », « Et si on n'était que des amis ? », « Et si je changeais ceci ou cela ? ». Ici, le cœur commence à s'entendre avec la logique pour éviter de ressentir le vide. C'est comme une vente aux enchères émotionnelle où vous offrez des parties de vous-même à l'autre personne pour qu'elle revienne. Ne participez pas à cette proposition. Le véritable amour ne se négocie pas avec des sacrifices unilatéraux.

4. Profonde tristesse

C'est l'automne. Pleurer sans explication. Ne voulant pas sortir du lit. Le vide dans la poitrine et la musique triste à plein volume. Il ne s'agit pas d'une étape à accélérer ou à refuser. C'est un câlin. C'est là que vous commencez vraiment à lâcher prise. Même si ça fait mal. Même s'il semble que vous ne partirez jamais. Surprise : vous êtes sur le point de partir. Mais d'abord, vous devez le ressentir.

5. Acceptation

Ce n'est pas que, soudainement, tout n'est que paix et lumières. Ça ne fait plus mal de la même manière. Plus besoin de revoir vos réseaux ou d'imaginer des rapprochements. Vous commencez à vous voir dans le miroir sans ce regard perdu. Retrouvez votre appétit pour la vie. Et même s'il y a encore des jours nuageux, vous savez que vous pouvez les traverser sans vous effondrer. Cette étape ne se produit pas d'un seul coup. Livré en petits morceaux. Mais quand il arrive... C'est comme rentrer à la maison.

Faire face au deuil est un voyage émotionnel sans GPS. Vous vous sentirez perdu, vous reviendrez, vous penserez que c'est fini, puis vous pleurerez à nouveau à cause de quelque chose de stupide. C'est raisonnable. Ce n'est pas une course. C'est un processus. Et chaque pas, même le plus embarrassant, vous emmène vers un endroit plus sain. Vous. Aucune contrainte. Pas de dépendance. Avec le cœur reconstruit et la dignité intacte.

Il n'y a pas de raccourcis vers la douleur

Peu importe le nombre de mèmes de « guérison par le vin » qui circulent, peu importe le nombre d'amis qui disent « sortez avec quelqu'un de nouveau », ou peu importe le nombre de gourous spirituels qui promettent de clore les cycles avec un bain de sel et trois pierres de lune, la vérité est la suivante : le chagrin n'a pas de raccourcis. Il n'y a pas de chemin rapide, pas de chemin secret, pas de bouton magique pour « tout oublier et passer à autre chose comme si de rien n'était ». Et s'il y en avait eu, je l'aurais déjà pressé cinq fois.

La douleur est lente, lourde et capricieuse. Il arrive au moment où on s'y attend le moins : dans la file d'attente au supermarché, en regardant un film stupide, en sentant le parfum que vous portiez. Et même si vous voulez l'éviter, l'ignorer ou l'enterrer sous une montagne d'activité, trouvez un moyen de vous faire remarquer. Parce que ce que vous n'entendez pas, se répète. Et ce qui est enlevé, pourrit.

Parfois, vous aurez envie de courir. Ou engourdissez-vous avec des distractions, des rendez-vous vides, du surmenage ou des phrases de motivation qui ne coulent pas. Mais sauter la douleur, c'est comme essayer de peindre un mur cassé sans le réparer au préalable : à l'extérieur, il semble que tout va bien, mais à l'intérieur, il continue de s'effondrer. Et un cœur brisé n'aime plus. Il n'aime qu'avec peur.

Se sentir blessé. Beaucoup. Mais il purifie aussi. Pleurer n'est pas une défaite, c'est un drainage. La colère n'est pas un échec, c'est une défense. La fatigue n'est pas un signe que vous n'en pouvez plus, c'est un avertissement que vous devez arrêter. La douleur est agaçante, oui. Mais c'est aussi un professeur. Montrez ce que vous avez trop donné, ce que vous avez gardé silencieux par peur, ce que vous méritiez et ce que vous n'avez pas obtenu.

Je ne dis pas que vous aimez souffrir. Je vous dis que si vous voulez surmonter ce feu émotionnel, que ce soit pour mieux reconstruire. Ne sautez pas la combustion, car c'est là que se trouve la transformation. Ne vous contentez pas de remédier à la blessure. Que vous allez en profondeur, même si vous brûlez.

Il n'y a pas de chemin court. Mais il y a un moyen. Et il procède étape par étape. Pleurer après pleurer. Respiration après respiration. N'oubliez pas ce que vous avez vécu, mais lâchez ce qui ne vous mène nulle part. La douleur n'est pas l'ennemi. C'est la porte. Traversez-le. Même si ça fait mal. Même s'il tremble. Même si cela semble éternel. Ce ne sera pas le cas. Vous.

Techniques d'adaptation immédiates

Quand le cœur se brise, le corps panique. Et non, vous n'exagérez pas : votre poitrine se ferme, votre gorge se coince, votre estomac semble oublier comment fonctionner. C'est comme si tout votre système nerveux décidait de s'enfuir les bras levés en criant « urgence sentimentale ! » Heureusement, il existe des moyens de calmer ce chaos intérieur avant de finir par pleurer dans l'allée des produits laitiers avec un sac de chips en guise de mouchoir.

La respiration consciente : votre bouton d'urgence émotionnelle

Cela semble anodin, mais lorsque vous êtes en crise, même respirer devient un acte héroïque. Procédez comme suit : inspirez en comptant jusqu'à quatre, retenez l'air pendant quatre autres et expirez lentement en comptant jusqu'à six. Répété. Vous n'avez pas besoin d'encens ou de musique de baleine. Juste votre air. La respiration active le frein d'urgence sur votre corps et dit à votre esprit : « Nous ne sommes pas encore en sécurité, mais nous n'allons pas non plus mourir par amour. »

Conscience : Être ici, maintenant, même si vous ne le voulez pas

Votre esprit est probablement dans le passé (« pourquoi me l'avez-vous dit ? ») ou dans le futur (« et si je n'avais jamais rencontré quelqu'un d'autre ? »). La pleine conscience vous invite à le ramener à ce moment, où ni votre ex n'existe ni l'anxiété n'a de pouvoir. Observez votre environnement. La couleur du ciel, le bruit de votre environnement, l'odeur du café. Il n'est pas nécessaire d'atteindre l'illumination. Reconnectez-vous simplement avec le présent, cet endroit où vous avez encore du pouvoir.

Distraction saine : éteindre l'obsession sans s'éteindre

Il ne s'agit pas de nier ce que l'on ressent, mais de créer des pauses pour ne pas se noyer dans l'intensité. Regardez une série qui n'inclut pas de couples heureux toutes les cinq minutes. Peignez, même si vous ne savez pas dessiner un arbre. Errant sans but. Rangez votre tiroir à chaussettes. Appeler quelqu'un qui vous fait rire sans vous demander de « m'en remettre ». L'idée n'est pas d'échapper à la douleur, mais de se rappeler qu'il y a une vie même en dehors de la tristesse.

Ces outils ne résolvent pas la douleur, mais ils vous donnent une pause. Et parfois, tout ce dont vous avez besoin pour continuer, c'est une pause. Un cadeau profond, un cadeau, l'un des vôtres. Parce que même si vous ne pouvez pas contrôler les secousses émotionnelles, vous pouvez vous ancrer. Et cela, au milieu du naufrage, est déjà un acte d'amour-propre.

Éviter les mécanismes d'adaptation destructeurs (alcool, drogues, impulsivité)

Au milieu du chaos émotionnel et de la pluie à l'intérieur qui ne s'arrête pas, il est tentant de chercher un soulagement rapide. Un verre « pour calmer les nerfs », une soirée « pour oublier », un message impulsif « afin de voir s'il répond ». Surprise : pour l'instant, tout cela semble être une bonne idée... jusqu'à ce qu'il se réveille le lendemain avec plus de culpabilité que de soulagement, plus d'anxiété que de lucidité, et peut-être avec une histoire dans laquelle il aurait préféré ne pas être le protagoniste.

L'alcool promet de soulager la douleur, mais il ne fait que diminuer le volume pendant un certain temps. Puis il le soulève plus haut. Les médicaments offrent une pause, mais ils ne guérissent pas, ils ne font que geler. Et ce qui est congelé finit par fondre. Les décisions impulsives, comme envoyer un texto à votre ex à deux heures du matin ou chercher à « tourner la page » auprès de quelqu'un qui ne vous a jamais remercié, ne font que prolonger la blessure et alimenter l'auto-illusion.

Il y a aussi d'autres échappatoires plus subtiles mais tout aussi destructrices : se jeter dans le travail jusqu'à ce que l'on oublie de manger, sortir avec quelqu'un de nouveau juste pour ne pas se sentir seul, faire semblant sur les réseaux sociaux que vous êtes meilleur que vous ne l'êtes. Tout cela est une anesthésie émotionnelle et, comme toute anesthésie, perd son effet. Et lorsque cela se produit, la douleur revient avec intérêt.

Il ne s'agit pas de juger si l'on n'est pas tombé dans l'un de ces mécanismes. Il s'agit d'arrêter le volant avant qu'il nc vous heurte. Il s'agit de poser une question honnête : est-ce que cela me soulage vraiment ou est-ce que cela ne fait que me distraire du vide ? Parce que c'est une chose de se rendre, c'en est une autre d'utiliser ce plaisir comme excuse pour ne pas regarder ce qui fait mal.

Vous êtes en deuil. Et même s'il semble qu'il n'y ait aucun moyen de le soutenir, il y en a un. Mais vous n'êtes pas au fond d'une bouteille, ou dans les bras de quelqu'un qui ne vous connaît pas, ou dans des décisions prises par la faim émotionnelle. La guérison ne consiste pas à couvrir la plaie avec des paillettes. C'est le nettoyer, même si ça fait mal. Il vous regarde droit dans les yeux, même si vous n'aimez pas ce que vous voyez.

Vous n'avez pas besoin d'évasion. Vous avez besoin d'un traitement. Pas des autres, mais de vous. Parce que personne d'autre ne peut vous sauver de l'abîme si vous décidez d'y rester par habitude. Et vous méritez plus que de survivre sur un coup de tête. Vous méritez de guérir avec conscience, même si cela prend du temps. Même si ça fait mal. Même s'il est difficile de se projeter dans l'avenir. Parce que lorsque vous l'obtiendrez, et vous le ferez, vous n'aurez pas besoin de distractions pour vous sentir en paix. Vous serez la paix.

L'importance de pleurer et de se défouler

Pleurer n'est pas un signe de faiblesse, ni un revers dans le processus, ni une honte qui devrait être cachée dans la salle de bain avec la douche allumée pour que personne n'entende. Pleurer est un médicament. Une manière primordiale, puissante et profondément humaine de lâcher prise sur ce que le corps ne peut plus porter. Si l'âme avait des soupapes de secours, ce seraient les yeux.

Il y a ceux qui lui disent de « ne plus pleurer », comme si verser des larmes était un crime émotionnel. Mais ne pleurez pas pour ce que vous avez perdu, disent-ils. Quelle absurdité. Et pourquoi pas ? Si elle vous a blessé, si elle vous a marqué, si elle vous a donné de l'amour, du temps, des illusions. Bien sûr que vous allez pleurer. Nous pleurons parce que c'est important. Parce que ce qui est parti ne disparaît pas sans laisser un vide. Et parce que les émotions ne s'évaporent pas en grinçant des dents et en continuant comme d'habitude.

Les pleurs purifient. Pas seulement les yeux, mais les coins internes où s'accumulent la colère, la tristesse, la frustration. Après avoir pleuré, le corps se repose. L'esprit s'éclaircit. Le cœur bat avec moins de nœuds. Ce n'est pas que la douleur disparaît, mais elle devient plus gérable. C'est comme vider un peu le verre pour qu'il ne déborde pas.

Et nous ne pleurons pas toujours des larmes. Parfois, ils pleurent sous forme de silence. Insomnie. À partir de messages non envoyés. De playlists qui cassent plus que le confort. Pleurer peut aussi consister à s'asseoir seul et à reconnaître à haute voix : « Je ne vais pas bien ». Vous n'avez pas besoin d'un public, de paroles sages ou de permissions. Donnez-lui simplement de l'espace pour ressentir.

Se défouler n'est pas « dramatiser ». Cela signifie honorer ce que vous vivez. Garder la douleur pour soi ne vous rend pas fort, cela vous fait exploser à l'intérieur plus tard. Alors pleurez quand vous en avez besoin. Criez si nécessaire. Notez ce que vous ne pouvez pas dire. Il brise les feuilles, pas les cœurs. Mais n'avalez pas tout en croyant que vous vous guérirez sans toucher le fond.

Les larmes ne vous rendent pas faible. Ils vous rendent réel. Ils vous rendent courageux. Et, surtout, ils nous rappellent que le sentiment n'est pas une malédiction. C'est une partie du chemin pour revenir vers vous. Un mouillé, oui. Mais aussi profondément libérateur.

Cherchez du soutien : amis, famille, thérapie

Même si vous vous sentez seul, vous n'êtes pas seul. Et vous n'êtes pas obligé de le faire sans aide, sans témoins, sans personne pour vous passer un mouchoir ou, mieux encore, une boule de glace et un regard qui dit « je vous comprends » sans avoir à dire quoi que ce soit. La douleur partagée ne disparaît pas, mais s'allège. Comme si, en le distribuant, son cœur respirait un peu mieux.

Vos amis, ceux qui savaient déjà que cette romance allait sombrer il y a longtemps, peuvent être votre première bouée de sauvetage. Je ne suis pas là pour te dire « je te l'avais bien dit » (enfin, parfois je l'ai fait, mais avec amour), mais pour t'entendre répéter la même histoire cinq fois de suite sans te juger, pour te voir pleurer le visage gonflé et te dire sans cesse que tu es belle, et pour te rappeler qui tu es quand tu oublies.

Votre famille peut en être une autre, même si elle ne comprend parfois pas tous les détails. Peut-être qu'ils ne savent pas quoi dire, peut-être que votre façon de les soutenir est de vous faire de la soupe ou de leur demander mille fois s'ils ont mangé. Laissez-le là. Le but est de s'entourer de personnes qui prennent soin de vous sans vous demander d'explications. Cela vous donne de l'espace, mais vous embrasse aussi si nécessaire.

Et si vous sentez que personne ne peut supporter ce que vous avez à l'intérieur, ou que vos émotions vous submergent au-delà de ce que les personnes proches de vous peuvent contenir, il existe une thérapie. Demander l'aide d'un professionnel n'est pas un luxe, c'est un acte d'amour de soi. C'est se dire : « Cela me fait tellement mal que j'ai besoin d'être guidé pour m'en sortir sans me perdre. » Un thérapeute n'effacera pas votre souffrance, mais vous donnera des outils, une perspective et un espace sûr pour reconstruire.

Demander de l'aide ne vous rend pas moins fort. Devenez humain. Parce que nous ne sommes pas nés pour guérir en silence ou pour tout porter sans soutien. Parfois, le plus courageux n'est pas d'aller de l'avant seul, mais de tendre la main et de dire « je n'en peux plus ». Et quand il le fait, il découvre que le monde n'est pas en train de s'effondrer... Ouvre. Et dans cette ouverture, vous commencez à retrouver votre chemin vers vous-même. Plus accompagné. Plus soutenu. Plus vivant.

Qu'est-ce que le zéro contact et pourquoi est-il crucial ?

Le contact zéro n'est pas une stratégie enfantine, ni un moyen de « vous rendre jaloux », ni une technique de manipulation pour que votre ex vous manque. C'est un acte de survie émotionnelle. Il s'agit de couper toute communication avec cette personne : pas de SMS, pas d'appels, pas de « réaction involontaire à son historique », pas de « je viens de me connecter pour voir si elle a téléchargé quelque chose de nouveau ». Rien. Zéro. Zéro est zéro. Même si votre doigt tremble lorsque vous voyez que vous êtes en ligne. Même si votre cerveau vous le dit, peut-être qu'un seul message ne fait pas de mal. Attention : oui.

Pourquoi est-ce si important ? Parce que tant que vous continuez à avoir accès à leur vie, vous ne quittez pas la vôtre. Chaque message est une retombée. Toute tentative de dire « je veux juste savoir comment elle va » est en fait un moyen de maintenir en vie une illusion qui a déjà été brisée. Le zéro contact n'est pas une punition. Il est en train de fermer. C'est de la protection. C'est le mur que vous devez construire alors que votre cœur se cabre avec de nouvelles pièces.

Être en contact avec son ex, même passivement, c'est comme essayer de guérir une blessure tout en se grattant. Il ne ferme jamais. Ça ne cesse de faire mal. Et le pire ennemi de la douleur est l'espoir mal placé. Celle qui se nourrit de likes, de messages ambigus, « peut-être que tu m'aimeras encore ». Non. Si je t'aimais, tu irais bien. Période.

Les contacts zéro ne sont pas faciles. Il y a une partie de vous qui veut continuer à savoir, qui s'accroche au « et si tu bouges ? », qui cherche des excuses absurdes pour t'écrire (« Je voulais juste te prévenir que ton chat me regarde moche dans mes rêves »). Mais ce que vous recherchez vraiment, ce n'est pas une information, c'est une validation. Et il est temps d'arrêter de le chercher chez quelqu'un qui ne savait pas comment vous le donner.

Oui, au début, cela ressemble à une amputation. Parce que c'est le cas. Mais c'est aussi le début de la reconstruction. Car ce n'est que dans le silence que la vérité peut être résolue. Ce n'est que de loin que l'on peut voir toute l'histoire. Et ce n'est que sans interférence qu'il commence à entendre la voix la plus importante de toutes : la sienne.

Donc, en cas de doute, rappelez-vous ceci : le contact zéro ne concerne pas lui, mais vous. De votre paix, de votre clarté et de votre renaissance.

C'est le bouton rouge que l'on appuie avec peur, mais qui active le pouvoir. Votre. Celui qui ne demande plus d'amour là où il n'y en a pas. Celui qui ne se contente pas des miettes. Celui qui, cette fois-ci, choisit de guérir véritablement.

Types de contact (direct, indirect, médias sociaux)

Lorsqu'il s'agit de zéro contact, il ne suffit pas de bloquer le numéro et de respirer profondément. Les anciens membres, comme les cafards, trouvent toujours des moyens créatifs de réapparaître. C'est pourquoi il est important de connaître tous les types de contact que vous devez couper ou éviter afin que le processus de guérison ne devienne pas un jeu de serpents et d'échelles où vous montez un jour et tombez de cinq marches le lendemain.

1. Le contact direct : le plus évident, mais aussi le plus difficile à lâcher.

Ici, nous parlons d'appels, de SMS, de courriels, d'appels vidéo ou de ce classique « Je t'ai vu par ici et je voulais te dire bonjour ». Vous n'avez pas besoin d'être Sherlock Holmes pour savoir que tant que vous continuez à parler à votre ex, même si c'est « comme des amis », vous ne fermez rien. Chaque interaction rouvre la plaie, vous laisse avec plus de doutes que de certitudes et souvent avec de l'estime de soi sur le terrain. Zéro est zéro. Même s'il t'écrit « juste pour savoir comment tu es » ou « je me suis souvenu de toi pour cette chanson ». Puisse-t-on se souvenir d'elle en silence.

2. Le contact indirect : le plus trompeur de tous.

Il s'agit du fameux « J'ai demandé à mon cousin comment il allait » ou « J'ai vu sur son profil qu'il allait dans le même bar où nous allions ». Cela inclut également la surveillance secrète, le fait de parler de lui avec des connaissances, de demander à ses amis de « le regarder pour voir avec qui il est » ou de lire entre les lignes chaque chanson triste qu'il télécharge sur Spotify. Ce genre de contact semble inoffensif, mais il alimente l'obsession et maintient l'espoir au lieu de boucler la boucle. Eh oui, le blocage implique également de ne pas espionner de faux comptes. Vous n'êtes pas la CIA.

3. Contact sur les réseaux sociaux : le buffet émotionnel que vous devez arrêter de visiter.

Les filets sont un piège cruel. Vous voyez ce qu'il veut montrer, pas ce qu'il ressent vraiment. Et, bien sûr, il est là : riant, s'éloignant, apparemment heureux sans vous. Cela vous déchire. Mais ce n'est pas réel. Ou même pas cela. Et même si c'était le cas, pourquoi continuer à nous exposer à cette punition visuelle volontaire ? Supprimer, bloquer ou désactiver l'audio. Et non pas par dépit, mais par tranquillité. Parce que voir leurs histoires n'est pas innocent. C'est une autocréation.

Il y a aussi le contact émotionnel déguisé en contact spirituel : « J'ai rêvé la nuit dernière, je suis sûr qu'il pense à moi » ou « J'ai entendu notre chanson aujourd'hui, ce doit être un signe de l'univers ». Non, ce n'est pas le cas. C'est votre esprit qui cherche des excuses pour ne pas vous laisser partir. Soyez reconnaissant pour le souvenir... et le libérer également.

Tout ce qui vous relie à votre ex, que ce soit par les mots, la vue, les commérages ou l'intuition sélective, est le contact. Et chaque contact est une régression. Vous n'avez pas besoin de savoir ce que c'est. Vous avez besoin de savoir comment vous allez. Vous n'avez pas besoin de panneaux. Le silence est nécessaire. Le genre de silence qui ne fait pas mal, mais qui guérit. Et cela ne vient que lorsque toutes les portes sont fermées... même émotionnel.

Comment le mettre en œuvre : bloquer, mettre en sourdine, éviter les clichés

Vous l'avez déjà compris, le zéro contact est fondamental. Vient maintenant la partie la plus difficile : l'appliquer sans poignée de main ni dignité. Parce que c'est une chose de lui dire « je ne vais plus lui parler », c'en est une autre de ne pas lui écrire quand on voit qu'il a mis en ligne une story dans laquelle il apparaît avec quelqu'un d'autre... Souriant. Voici donc un guide pratique et simple pour mettre en œuvre le zéro contact de manière efficace et, surtout, protectrice.

Blocage sans culpabilité ni explication

Le confinement n'est pas un acte de vengeance ou de drame, c'est une décision de soin personnel. Vous n'avez pas besoin d'avertir. Vous n'avez pas besoin d'envoyer un dernier message du type « je m'en vais, prends soin de toi ». Vous le faites, tout simplement. Vous bloquez le numéro, WhatsApp, Instagram, Facebook, le courriel et tout canal par lequel cette personne pourrait réapparaître pour laisser des miettes émotionnelles. Ce n'est pas de la cruauté, c'est l'instinct de la réserve. Si quelqu'un a laissé des plaies ouvertes, il ne peut pas avoir libre accès à sa paix.

Faites taire tout ce qui vous entoure (et ce qui vous le rappelle)

Avez-vous des amis en commun ? Faites-les taire. Suivez-vous sa tante qui commente toujours « mon beau copain » ? Dehors. Sautez-vous une chanson qu'ils ont écoutée auparavant ? Au revoir; À première vue, cela peut sembler exagéré, mais il ne s'agit pas d'effacer le passé, mais de protéger le présent. Chaque petit rappel est un mini-arc émotionnel. Et vous n'avez pas besoin de ramasser des couteaux lorsque vous essayez de fermer les plaies.

Évitez les clichés : votre GPS émotionnel doit être reconfiguré

Arrêtez de vous présenter « avec désinvolture » dans ce bar où vous aviez l'habitude d'aller, dans la rue où vous vivez, dans le bar où travaille votre ami ou partout où vos neurones vous disent « peut-être que je verrai ». Vous ne cherchez pas de café. Vous cherchez des miettes d'attention. Et vous n'êtes pas obligé de mendier l'amour dans des espaces qui ne vous conviennent plus. Changez d'itinéraire, découvrez de nouveaux endroits, arrêtez même de suivre les virages qui ne vous nourrissent plus.

La mise en œuvre du zéro contact demande du courage. Non pas parce que c'est radical, mais parce que cela va à l'encontre de toutes vos impulsions émotionnelles. Mais ces impulsions ne lui sont plus utiles. Ils vous ont ligoté. Et c'est le moment de lâcher prise fermement. Faites-le avec le même amour que vous avez donné autrefois. Seulement cette fois, adressez-le à vous. Parce que lorsque vous vous protégez de ce qui vous fait mal, vous commencez déjà à guérir. Et cela mérite vraiment un blocage... et des applaudissements.

« Mais » et exceptions (enfants, biens partagés) : stratégies pour les minimiser

Nous savons que, dans un monde idéal, le zéro contact serait aussi simple que « bloquer et oublier ». Mais il y a des cas où la réalité bricole avec des chaussures sales et dit : « Vous ne pouvez pas disparaître parce que vous avez un enfant, un chien, une hypothèque ou une voiture à votre nom avec vous. » Et c'est là que la douleur se complique, car il n'est pas toujours possible de l'étouffer dans l'œuf. Mais attention : ce n'est pas parce que vous ne pouvez pas couper jusqu'au bout que vous ne pouvez pas vous protéger.

Si des enfants sont impliqués : communication limitée, claire et neutre

Avoir un enfant ensemble ne signifie pas que vous restez émotionnellement disponible pour votre ex. Ce qu'il faut, c'est de la logistique, pas de l'affection. Créez des ententes de communication propres à l'enfant : horaires, décisions médicales, activités scolaires. Sans « comment vas-tu ? » ou « je me suis souvenu de toi parce que notre fils a ton sourire ». Utilisez des applications conçues pour la coparentalité ou la messagerie texte qui laissent une marque. Des conversations courtes, objectives et sans fioritures. Vous n'êtes pas son ami, ni son confident. Vous êtes la mère de votre enfant. Point.

S'il y a des biens partagés : divisez et donnez ce qui est possible

Lorsqu'il y a des choses importantes entre les deux – un appartement, des factures de services publics, des dettes, des meubles ou le micro-ondes que vous avez acheté ensemble – il est préférable de les régler dès que possible. Si vous pouvez vous séparer sans drame, faites-le rapidement. Sinon, il s'agit d'un tiers neutre : un avocat, un médiateur ou quelqu'un de sain d'esprit, qui ne prend pas position. Évitez autant que possible les réunions en face à face. N'allez pas ramasser les choses vous-même. Ne vous asseyez pas « et ne parlez » pas parce que cela se termine généralement par des larmes, des théories et parfois des baisers qui sont plus déroutants. Vous n'êtes pas en faveur des scènes de feuilleton.

Fixez des limites claires, même si votre âme tremble

Les exceptions ne sont pas des excuses pour ouvrir la porte à l'encombrement émotionnel. Si vous devez parler, que ce soit dans un canal clair, par écrit et sans fioritures. Pas d'appels nocturnes « pourquoi le bébé te manque-t-il ». Si on vous demande de parler en personne, pesez-vous la question suivante : est-ce strictement nécessaire ? Ou cherchent-ils une excuse pour se faufiler dans leur cadeau déguisé en responsabilité ?

Et s'ils vivent toujours ensemble (parce que la vie est parfois cruelle)

Définissez les espaces physiques et émotionnels. Dormez dans une autre pièce. Ne parlez que de ce qui est nécessaire. Ne partagez pas vos émotions avec quelqu'un qui ne sait plus comment les retenir. Et il travaille, au quotidien, pour sortir le plus vite possible de cette coexistence. Plus vous prolongez le « nous vivons ensemble, mais nous ne sommes rien d'autre », plus votre guérison commence tard.

Vous ne pouvez pas éviter tous les liens. Mais vous pouvez les reconfigurer. Il ne s'agit pas d'avoir froid, il s'agit d'être lucide. Il ne s'agit pas de se venger, mais de se protéger. Et même s'il peut y avoir un « mais », rappelez-vous ceci : la priorité en ce moment n'est pas votre confort, ni la nostalgie partagée. C'est votre paix. Et cela ne permet pas d'exceptions.

Qui étiez-vous avant cette relation ? Redécouvrir son identité

Lorsqu'une relation se termine, ce n'est pas seulement la perte de l'autre personne qui fait mal... La perte de soi fait aussi mal. Parce que, sans vous en rendre compte, vous cédiez de l'espace, vous ajustiez vos goûts, vous gardiez les choses tranquilles, vous vous adaptiez. Et maintenant qu'il est parti, vous vous retrouvez devant le miroir à vous demander : « Et qu'est-ce que je voulais ? Qu'est-ce que j'aimais faire avant tout cela ? Qu'est-ce que j'ai rêvé quand je rêvais encore seul ?

Il est normal de se sentir perdu. Au cours d'une relation, surtout si elle est intense ou longue, votre identité se confond avec celle de l'autre. Il devient un « nous » qui éclipse le « moi ». Vous abandonnez vos loisirs, remettez à plus tard vos projets, choisissez des films qui ne vous intéressent pas, allez dans des endroits que vous n'avez jamais autant aimés. Et le pire, c'est que souvent, vous ne le faites pas par obligation, mais par amour. Par routine. Par habitude. Jusqu'au jour où vous ne savez plus à quoi ressemble la vie que vous vivez.

Maintenant que vous êtes seul, ce n'est pas une punition. C'est une invitation. Regarder à l'intérieur de lui-même cette version qui l'attendait dans un coin. Celui qui dansait sans réfléchir le faisait bien. Celui qui riait tout seul. Celui qui écrivait, chantait, sortait ou se sentait simplement assez sans avoir à le montrer tout le temps. Se redécouvrir, c'est renouer avec cette femme qui n'avait pas besoin d'être choisie pour savoir qu'elle en était digne.

Se souvenir. Que faisiez-vous avant cette relation qui vous faisait vous sentir vivant ? Qu'avez-vous abandonné sans vous en rendre compte ? Avec qui étiez-vous sans avoir à vous expliquer ? Retrouver son identité, ce n'est pas revenir au passé, c'est ramener au présent le meilleur de soi-même que l'on avait oublié. Et peut-être même découvrirez-vous de nouvelles parties, car chaque douleur ouvre des portes que vous n'aviez pas le courage de franchir auparavant.

Créez des listes. Reprendre les activités. Essayez de nouvelles choses sans vous demander si cela leur plairait. Changez de chambre, de vêtements, de musique. Non pas parce que vous avez besoin d'être quelqu'un d'autre, mais parce que vous revenez à vous-même, avec de nouvelles blessures, oui, mais aussi avec plus de vérité. Plus de force.

Plus de clarté sur ce que vous ne voulez pas répéter.

Vous n'êtes pas votre meilleure moitié. Vous n'êtes pas un projet à réaliser. Vous êtes une femme complète, même si parfois vous ne vous sentez pas comme ça. Et maintenant que je « nous » suis derrière vous, il est temps de renouer avec la personne la plus importante de votre vie : vous. Pas de filtre. Pas de permis. Il n'y a pas d'excuses. Parce que se redécouvrir n'est pas qu'une partie du processus... C'est la vraie fin heureuse.

Passe-temps, passions et intérêts oubliés

L'une des conséquences silencieuses de nombreuses relations est l'oubli de ce qui vous faisait briller à l'intérieur. Ces petits rituels que vous aimiez, les activités qui remplissaient votre âme, ces rêves que vous notiez dans des cahiers et que vous laissiez ensuite dans la poussière parce que « il n'y avait pas de temps » ou « ils n'étaient plus une priorité ». Et maintenant, cet amour a disparu, vous vous retrouvez devant le vide en vous demandant : « Et qu'est-ce que je faisais quand j'étais heureux sans dépendre de personne ? »

Peut-être avez-vous peint, même s'il ne s'agissait que de gribouillis, écrit sans que personne ne vous lise, dansé avec un balai par paires ou chanté comme si vous faisiez partie d'une comédie musicale. Peut-être avez-vous été fasciné par les documentaires policiers, les promenades sans but, les leçons sur quelque chose d'inutile mais drôle, ou rêvant d'ouvrir un bar avec des livres et des chats. Des choses que vous avez faites juste parce que, parce que vous les aimiez, parce qu'elles vous faisaient sentir vous-même.

Lorsque vous êtes en couple, ces passions s'estompent souvent petit à petit. Ce n'est pas que quelqu'un vienne les prendre, c'est que vous-même, sans vous en rendre compte, les avez laissés rouiller. Parce qu'il y a des promenades à deux. Parce qu'il y a des horaires partagés. Parce que vous êtes plus conscient de l'autre que de vous-même. Et ainsi, ce qui était autrefois du feu devient des cendres silencieuses.

C'est le moment idéal pour balayer ces cendres et nourrir à nouveau les braises. Reprenez là où vous vous étiez arrêté. Faites l'expérience de ce que vous n'avez jamais osé essayer. Non pas pour impressionner qui que ce soit, non pas pour guérir le cœur de force, mais parce que vous le méritez. Parce que si vous voulez vous reconstruire, il vaut mieux le faire pour le plaisir, par curiosité, depuis ce coin de chez vous où personne d'autre n'est aux commandes.

Faites une liste de tout ce que vous avez toujours aimé faire. Et si vous ne vous souvenez de rien, essayez de nouvelles choses comme si vous étiez un adolescent au cœur nouveau. Prenez des cours absurdes, apprenez quelque chose d'inutile, allez dans des musées, même si vous ne comprenez pas l'art, inscrivez-vous au yoga, même si c'est plus une planche qu'un sol. Faites tout. Et ce, sans attendre l'approbation.

Ses passions n'étaient pas des passe-temps : elles étaient des ponts vers son essence. Et si vous avez cessé de les parcourir, c'est aujourd'hui qu'il faut les reconstruire. Parce qu'au milieu du deuil, des pleurs, de la reconstruction, il y a aussi de la place pour la joie. Rire. Pour revenir à vous à travers ce qui vous a toujours connecté à votre feu intérieur. Votre ex est parti. Mais votre envie, vos idées, votre énergie créative sont toujours là. Et ils n'attendent que vous pour les choisir. Cette fois, sans laisser personne s'y rendre.

Définissez vos valeurs et vos objectifs personnels

Après une rupture, il y a une question qui commence à résonner en vous comme une cloche insistante : « Et maintenant ? » Et bien que la tentation soit de combler ce vide avec des distractions, la vraie magie se produit lorsque vous vous arrêtez et que vous vous demandez : « Qu'est-ce que je veux vraiment ? Qu'est-ce qui est important pour moi, sans lui, sans nous, sans excuses ? Parce que c'est l'occasion de revenir à vous-même, non pas comme quelqu'un qui retourne au connu, mais comme quelqu'un qui découvre de nouveaux territoires avec des yeux plus éveillés.

Régler des valeurs revient à ajuster la boussole interne. Ce sont ces idées non négociables qui vous soutiennent même lorsque tout s'effondre. Peut-être le respect, la liberté, l'honnêteté, la loyauté, l'authenticité, la paix. Combien de fois les avez-vous sacrifiés pour maintenir la relation à flot ? Combien de fois vous êtes-vous trahi un peu pour ne pas vous mettre mal à l'aise ? Maintenant, il est temps de les récupérer, de dire : « Oui, ça. Aucun. Que je ne le ferai plus jamais".

Et puis vos objectifs arrivent. Pas ceux qui sont partagés, pas ceux qui ont été construits au pluriel, mais les vôtres. Quels rêves avez-vous repoussés ? Quels objectifs aviez-vous avant de tomber amoureux ? Quels nouveaux objectifs sont nés de ce processus ? Peut-être avez-vous envie de déménager, de terminer vos études, d'ouvrir cette entreprise que vous avez toujours imaginée, d'écrire un livre, d'adopter un chat ou un perroquet, de voyager seul, de prendre soin de votre corps, de parler une autre langue ou simplement d'apprendre à être avec vous-même sans peur. Tout cela est valable. Tout cela compte.

C'est le moment d'écrire votre manifeste personnel. Non pas pour le pendre au mur, mais pour se souvenir de lui chaque fois que la tristesse veut l'entraîner vers ce qu'il n'était plus. Vous n'êtes pas ici juste pour survivre à une rupture. Vous êtes ici pour reconstruire votre vie à partir de ce qui résonne en vous. De ce qui vous touche. De ce qui a du sens pour vous, même si personne d'autre ne le comprend.

Ses valeurs et ses objectifs sont son nord. Et plus vous êtes clair, moins vous avez de chances de revenir à ce qui vous a fait dévier. Parce qu'une personne qui sait ce qu'elle veut ne se contente pas de moins. Ni avec des amours timides, ni avec des relations qui font plus de mal que de guérison.

Prenez donc ce temps non pas comme une punition, mais comme une boussole tombée qui revient à sa position. Et rappelez-vous : il ne s'agit pas seulement de définir qui vous êtes sans cette relation. Il s'agit de choisir, avec amour pour soi-même, qui on sera désormais. Et cette fois, cette décision n'appartient à personne d'autre qu'à vous.

L'importance de l'autonomie et de l'indépendance émotionnelle

L'une des grandes leçons d'une rupture – après des pleurs, des nuits tristes et des conversations avec votre ami psychologue non qualifié – est la suivante : vous ne pouvez pas continuer à donner les clés de votre bien-être émotionnel à quelqu'un d'autre. Parce que lorsque votre humeur dépend du fait qu'ils vous répondent ou non, qu'ils vous apportent une histoire triste ou heureuse, qu'ils vous aiment ou qu'ils vous ignorent, vous vivez sur le fil du rasoir émotionnel qui, tôt ou tard, se brise. Et c'est toujours vous qui tombez, pas eux.

L'autonomie émotionnelle ne signifie pas s'enfermer dans une grotte et jurer que vous ne vous aimerez plus jamais. Cela signifie apprendre à être avec soi-même sans se sentir incomplet. C'est reconnaître que l'on peut souffrir, perdre et guérir... sans mendier des réponses. Que vous puissiez avoir des liens, oui, mais sans que votre identité n'en dépende. Que vous pouvez être un couple sans devenir un satellite qui tourne l'un autour de l'autre comme si votre existence n'avait pas d'orbite propre.

Lorsque vous êtes dépendant émotionnellement, tout est une question de peur : peur qu'ils partent, peur qu'elle ne les aime pas, peur que vous ne soyez pas assez. Et cette peur vous fait céder, vous taire, justifier les choses qui vous blessent. Mais lorsque vous cultivez votre indépendance émotionnelle, vous n'avez besoin de personne pour la valider constamment, car vous vous êtes déjà choisi. Pas comme un plan B. Comme une priorité.

Être autonome ne signifie pas ne pas avoir besoin de personne. C'est savoir que, même s'il manque, il ne se casse pas. Cela signifie que vous pouvez être seul sans être vide. Que vous savez vous consoler, vous fixer des limites, vous faire plaisir et demander de l'aide sans avoir l'impression que votre monde s'effondre si vous ne recevez pas une réponse immédiate. C'est construire en vous le refuge que vous cherchiez là-bas.

Et non, vous ne pouvez pas le faire du jour au lendemain. C'est un travail constant. C'est regarder vos plaies et décider que vous ne porterez personne d'autre comme pansement. Que vous guérirez à la racine, avec le temps, avec compassion, avec des décisions fermes. Parce que lorsque vous reculez, le monde ne semble plus aussi menaçant. Vous ne choisissez plus le manque, mais le désir. Vous ne mendiez plus l'amour, vous le partagez.

L'indépendance émotionnelle est ce muscle qui n'est pas vu, mais vu. Dans sa façon de parler, dans sa façon de décider, dans sa façon de prendre soin de lui. Eh bien qu'il soit construit par lui-même, il transforme tous vos liens. Parce que lorsque vous n'avez plus besoin d'être aimé pour vous sentir vivant, alors vous êtes prêt à aimer vraiment. Libre. Entier. Inébranlable.

Santé physique : alimentation, exercice, sommeil

Quand le cœur est en ruines, le corps le ressent. Vous perdez l'appétit ou mangez le monde sous forme de chips. Vous vous réveillez à trois heures du matin le cœur battant, rêvant que votre ex le regrette ou, pire, qu'il est heureux sans vous. Et faire de l'exercice... Eh bien, si vous avez ramassé quelque chose cette semaine, c'est le sac de pain sucré. Et ce n'est pas grave. Au début, le corps passe en mode « survie romantique ». Mais vous ne pouvez pas y rester et y vivre.

Votre santé physique n'est pas un luxe, c'est le soutien de l'ensemble de votre processus émotionnel. Prendre soin d'eux ne signifie pas entrer dans la salle de sport et crier dans les airs tout en faisant des squats vengeurs. Il s'agit de commencer, petit à petit, à rappeler à votre corps que vous êtes en sécurité, que vous n'avez pas besoin de vivre en alerte, que vous méritez de vous sentir bien, même si votre cœur apprend à battre à nouveau.

Alimentation : Plus de régime malgré

Si vous ne pouvez même pas avaler l'air, commencez par des choses douces, nutritives et chaudes. Les soupes, les fruits, les smoothies, tout ce qui ne vous fait pas tourner l'estomac, mais qui vous donne de l'énergie. Et si vous vous réfugiez dans le sucre comme si vous étiez votre nouvel amant, ne vous culpabilisez pas, mais ne vous sabotez pas. L'équilibre ne vient pas en un jour, il vient avec de petites décisions qui disent « je me soucie de moi, même si je suis fauché ».

Exercice : Bougez pour ne pas rester coincé

Vous n'avez pas besoin de courir un marathon ou de devenir un athlète émotionnel. Marchez, dansez seul dans votre chambre, faites du yoga avec une application sans jugement ou étirez-vous simplement. Le mouvement élimine la douleur du corps. Cela change votre concentration. Cela vous rappelle que vous êtes toujours là, dans ce corps que vous avez peut-être oublié pendant que vous étiez occupé à aimer quelqu'un d'autre.

Rêve : votre refuge sacré

Passer une bonne nuit de sommeil après une rupture peut sembler relever de la science-fiction. Vous êtes hanté par des souvenirs, des questions, des silences. Mais votre esprit a besoin de repos pour traiter ce que vous vivez. Éteignez les écrans avant de vous coucher, créez une routine douce (même s'il s'agit d'un bain et d'un thé) et évitez de regarder le mème de rupture à deux heures du matin. Si l'insomnie persiste, ne la normalisez pas : demandez de l'aide, cherchez des outils, mais ne sacrifiez pas vos nuits.

Prendre soin du corps est un acte radical d'amour de soi. C'est dire à votre système nerveux : « Ne vous inquiétez pas, nous n'allons pas mourir de ça. » Parce qu'il ne s'agit pas d'avoir un ventre plat ou huit heures de sommeil parfait. Il s'agit de revivre en soi. Pour vous traiter avec la même affection que vous aviez autrefois avec quelqu'un qui n'est plus parmi nous. Cette fois, l'abandon est votre truc. Et croyez-moi : votre corps vous en remerciera. Et votre âme aussi.

Santé mentale : méditation, thérapie si nécessaire

Une séparation non seulement vous brise le cœur, mais elle secoue également votre esprit, comme si quelqu'un avait brouillé vos pensées les yeux fermés. Soudain, vous ne savez plus si vous y allez ou si vous venez, si vous êtes triste, en colère, confus ou tout à la fois. Les nuits deviennent éternelles, l'insomnie s'insinue en tant que locataire et son cerveau décide de se pencher sur des pensées catastrophiques à trois heures du matin. C'est là que votre santé mentale a besoin de plus qu'un mème d'auto-assistance. Il a besoin de vrais soins. Constant. Amour.

Méditation : éteindre le bruit pour se sentir soi-même

Vous n'avez pas besoin d'être un moine tibétain ou d'apprendre le sanskrit. Méditer n'est pas laisser l'esprit vide (même le Dalaï Lama avec le Wi-Fi ne peut pas le faire). C'et s'asseoir pendant quelques minutes, respirer, observer ce que vous ressentez sans lutter contre cela. C'et s'accorder un moment par jour pour être avec soi-même sans prétentions. Il existe des milliers de guides, d'applications et de vidéos gratuits qui peuvent vous aider à démarrer.

L'important n'est pas de le rendre parfait, c'est de le faire. Cela signifie laisser le silence faire ce que les mots ne peuvent pas faire : ordonner le chaos intérieur de l'intérieur.

Thérapie : un espace sûr sans filtres ni jugements

Parler à une personne formée pour vous aider n'est pas un signe que vous avez tort, c'est un signe que vous prenez le contrôle. Un bon thérapeute ne vous dira pas ce que vous voulez entendre, mais vous guidera pour voir ce que vous devez comprendre. Il vous donnera les outils pour sortir du labyrinthe, pour reconstruire votre estime de soi, pour arrêter de chercher des réponses là où il n'y a plus de questions. Et si vous avez l'impression que vous ne pouvez pas le faire seul, ne le prenez pas comme une défaite. C'est du courage. C'est la maturité. C'est le vrai soin de soi.

Et si vous ne pouvez pas arrêter de faire de la thérapie maintenant, il y a d'autres portes

Lisez des livres de psychologie émotionnelle, écoutez des podcasts qui ne romancent pas la souffrance, écrivez ce que vous ressentez sans censure, parlez à quelqu'un qui vous écoutera sans vous interrompre. Tout cela aide aussi. L'important est de ne pas garder le silence sur la douleur dans la gorge. Tout n'est pas pris en charge. Et tout n'est pas surmonté en prétendant que cela ne fait plus mal.

Votre santé mentale est le fondement de tout le reste. Vous pouvez manger sainement, faire de l'exercice et dormir huit heures, mais si votre esprit est bloqué sur « pourquoi m'a-t-il quitté ? », le corps est toujours en guerre. Puis respirez. Discours. Demandez de l'aide si vous en avez besoin. Vous n'êtes pas fou. Vous êtes en train de guérir. Et cela, bien qu'il puisse sembler invisible, est l'acte le plus courageux de tous.

Développement personnel : apprendre quelque chose de nouveau, lire, grandir

Après une rupture, il y a un écart. Émotionnel, mental et même logistique. Soudain, vous avez beaucoup d'après-midi, de pensées et de chansons qui ne sonnent plus de la même manière. Ce qui est bien, c'est que cet espace qui était autrefois occupé par une relation qui n'existe plus, peut maintenant être rempli de quelque chose d'infiniment plus puissant : votre croissance. Parce que guérir, c'est aussi construire. Et l'une des plus belles (et utiles) façons de guérir est d'évoluer.

Apprenez quelque chose de nouveau : ne laissez pas votre cœur brisé vous enlever votre soif d'apprendre

Il ne s'agit pas de devenir une superwoman multitâche juste pour prouver que vous êtes « meilleure que jamais ». Il s'agit de donner à votre esprit de nouvelles façons de marcher. Apprenez à cuisiner, à monter des vidéos, à tricoter, à coder, à danser la bachata ou à parler japonais. Quoi qu'il arrive. Ce qui compte, c'est que vous le fassiez pour vous-même. Que vous puissiez découvrir des talents dormants ou de nouvelles passions qui n'ont rien à voir avec votre ex ou le passé. Quelque re quelque chose, c'est se rappeler que votre histoire n'est pas terminée, elle est simplement réécrite.

Lecture : Votre cerveau a aussi besoin de réconfort (et d'aventure)

Un bon livre peut être un abri, un miroir ou une échelle. Vous pouvez lire des romans qui vous éloignent de votre tristesse, des essais qui vous font penser différemment, des poèmes qui embrassent votre âme ou des livres d'auto-explorassions qui vous aident à comprendre pourquoi vous continuez à chercher l'amour là où il n'y en a pas. L'important est de choisir des textes qui vous nourrissent, pas qui vous coulent. Pas d'histoire romantique avec des fins parfaites si cela vous fait pleurer lorsque vous fermez la page. Lisez ce qui vous nourrit. Ce n'est pas ce qui le punit.

Grandir : non pas comme une pression, mais comme un choix

C'est le moment idéal pour regarder honnêtement à l'intérieur de vous-même. Quels schémas répétez-vous dans vos relations ? Quelles sont les blessures qui guident encore vos décisions ? Quelles parties de vous ont besoin d'être fortifiées pour ne pas revenir au même endroit ? Grandir fait mal, bien sûr. Mais cela fait mal différemment de la douleur d'une rupture. Ça fait mal comme une poussée de croissance. Comme lorsque vous construisez quelque chose d'utile : vous-même.

Le développement personnel n'est pas une mode Instagram ou une liste de tâches dont on peut se vanter. C'est un engagement silencieux envers vous. Il s'agit de vous donner les outils pour que la prochaine fois, vous ne choisissiez pas la peur, mais la plénitude. C'est montrer que vous n'avez pas besoin d'un cœur parfait pour avancer. Un seul prêt à le faire.

Et si quelqu'un vous demande ce que vous faites de votre vie maintenant que vous êtes seul, vous pouvez répondre sans crainte : grandir. Ce qui n'est pas rapide, ce n'est pas facile, ce n'est pas toujours fascinant. Mais c'est réel. Et personne ne peut vous l'enlever. Pas même votre ex.

Créez une routine qui vous nourrit

Après une rupture, les journées deviennent désordonnées. Le lit se transforme en trench-coat, les heures passent sans signification et même se laver les cheveux semble être une mission impossible. Mais au milieu de ce chaos émotionnel, créer une routine n'est pas seulement un moyen de mettre de l'ordre, c'est un moyen de revenir à soi. Une routine nutritive n'est ni rigide ni exigeante. Il est doux, souple et sur-mesure. Non pas pour que vous puissiez être productif à tout prix, mais pour vous rappeler chaque jour que vous méritez des soins.

Matin avec intention, sans hâte

Commencez par vous donner dix minutes avant de faire sonner votre téléphone. Respirer. Étirer. Buvez de l'eau. Jouez de la musique qui ne vous sépare pas. Vous pouvez écrire quelques lignes sur ce que vous ressentez ou simplement vous dire « Aujourd'hui je prends soin de moi ». Vous n'avez pas besoin d'un rituel en mille étapes. Juste quelque chose qui vous ancre dans le présent avant que votre esprit ne commence à se précipiter dans le passé.

La nourriture qui est punie, celle qui est punie

Il ne s'agit pas de manger parfaitement, mais de choisir des aliments qui vous font vous sentir vivant et non coupable. Mangez lentement, même si vous êtes seul. Assurez-vous que manger n'est pas une formalité ou une excuse pour combler les lacunes. Préparer quelque chose de délicieux est une forme simple mais puissante d'amour de soi.

Mouvements quotidiens, même minimes

Marcher, s'étirer, danser en pyjama, faire du yoga avec une application gratuite. Vous ne vous entraînez pas émotionnellement pour les Jeux olympiques. Vous aidez simplement votre corps à relâcher la tension et lui rappelez qu'il peut encore bouger librement. Parfois, vingt minutes de mouvement font plus de trois heures de drame mental pour vous.

Des moments pour se connecter avec vous

Bloquez un espace par jour, même si c'est un quart d'heure, rien que pour vous. Lire, écrire, méditer, dessiner, faire quelque chose que vous aimez ou simplement regarder par la fenêtre sans penser à quoi que ce soit. Ne sous-estimez pas le pouvoir de ces moments de calme. Ils sont un baume pour l'âme.

Des nuits qui invitent au repos, pas à la punition mentale

Évitez de vérifier vos hamacs avant de vous coucher. Ne jouez pas de musique triste comme si vous étiez la star d'un clip dramatique. Créez une routine simple : un bain chaud, du thé, une liste de gratitude ou une lecture légère. Votre corps a besoin de savoir que la journée peut se terminer paisiblement, même si votre cœur continue d'avoir des points de suture.

Une routine qui le nourrit n'est pas une obligation. C'est une déclaration quotidienne de « je me suis moi-même ». Et plus vous vous accrochez à votre quotidien, moins vous avez d'anxiété à vous mettre en travers du chemin. Car, finalement, ce qui guérit, ce ne sont pas toujours les grands gestes, mais les petits gestes de soin répétés avec amour. Tous les jours. Même si cela coûte. Même si ça fait mal. Même si vous ne faites que survivre au début. Cette routine fait également partie de sa renaissance. Et cela en vaut la peine. Tous les jours.

Fixez des limites saines dans vos relations

Après une rupture, l'une des leçons les plus urgentes (et les plus inconfortables) est la suivante : vous avez besoin de limites. Pas des murs, pas des barrières émotionnelles impénétrables, mais des limites réelles, conscientes et aimantes. Parce qu'une partie de la guérison ne consiste pas seulement à cesser de manquer celui qui est parti, mais à arrêter de se trahir chaque fois que quelqu'un franchit une ligne et que vous souriez comme si de rien n'était.

Une frontière saine est une déclaration silencieuse qui dit : c'est moi, je n'oublie pas cela, je ne le permets plus. Ce n'est pas le froid. Ce n'est pas de l'égoïsme. C'est la clarté. Et la clarté prend soin de vous, vous commande, vous donne la paix. Apprendre à se fixer des limites ne signifie pas repousser les autres, mais se rapprocher de soi.

1. Vous n'avez pas à justifier ce qui vous met mal à l'aise

Si quelque chose vous dérange, vous n'avez pas besoin d'expliquer votre histoire de traumatisme, d'astrologie ou de toute votre enfance pour que cela ait de la valeur. C'est suffisant que cela le mette mal à l'aise pour mériter d'être soigné. Non, c'est non, point final. Même si cela semble exagéré à l'autre personne. Vous n'êtes pas là pour convaincre qui que ce soit de vous respecter.

2. Le silence est aussi une limite

Ne répondez pas à des messages inutiles, ne suivez pas les conversations qui vous épuisent, n'y allez pas chaque fois que quelqu'un a besoin de vous comme si vous étiez une ambulance émotionnelle. Le silence dit aussi « assez ». Ne le sous-estimez pas. Utilisé avec intention, il peut être plus décisif qu'un millier de discours.

3. Prendre ses distances, ce n'est pas être une mauvaise personne

Parfois, vous devez rester à l'écart des personnes qui ne vous connaissent pas ou qui ne veulent pas bien vous traiter. Même s'ils sont familiers. Même s'ils sont amis depuis des années. Même s'ils vous disent « vous avez changé ». Bien sûr, cela a changé. Vous avez cessé de supporter ce que vous aviez l'habitude de garder sous silence. Vous n'êtes pas cruel. Vous êtes clair.

4. Apprenez à dire non sans vous trouver mille excuses

Je ne veux pas. Je ne peux pas. Cela ne me fait aucun bien. Il n'est pas né pour moi. Je n'ai pas besoin d'expliquer. Ce genre de « non » sera difficile au début, surtout si vous faites partie de ceux qui ont dit oui de peur de vous mettre mal à l'aise. Mais c'est le genre de non qui le libère. Et il prend soin de vous. Et cela vous rappelle que personne n'est au-dessus de votre paix.

5. Les limites ne sont pas obligatoires, elles sont fixées

Il ne s'agit pas de mendier le respect. Il s'agit de le garder tranquille. Si quelqu'un insiste pour dépasser vos limites, vous n'avez pas à discuter ou à faire des discussions éternelles. Vous prenez votre retraite. Changez de ton. Prenez de la distance. Et vous le faites la tête haute. Il n'est pas coupable. Avec conviction.

Fixer des limites est la façon la plus pratique de s'aimer. Il ne s'agit pas de les imposer sous le coup de la colère, mais de les tenir fermement. Clarifiez où l'autre se termine et où vous commencez. Parce que tous ceux qui vous aiment ne prennent pas soin de vous. Mais c'est possible. Et à partir de maintenant, vous le ferez. Intrépide. Pas de drame. Avec l'amour de soi comme drapeau.

Rencontrer de nouvelles personnes (pas de manière romantique) : groupes, activités

Après une rupture, il est facile de tomber dans le piège de penser que vous ne guérirez que lorsque quelqu'un de nouveau vous regardera à nouveau comme votre ex l'a fait (ou comme vous pensiez qu'il le faisait). Mais tous les nouveaux départs n'ont pas à voir avec la romance. Parfois, ce dont vous avez le plus besoin, c'est de vous reconnecter avec d'autres personnes par le rire, la curiosité, les intérêts communs... Pas de baisers, pas d'attentes, pas de drame.

Rencontrer de nouvelles personnes sans le filtre du « est-ce que quelque chose ne va pas ? » est une bouffée d'air frais. Cela lui rappelle que le monde est plus grand qu'une relation finie. Qu'il y a une vie au-delà des applications de rencontres et que vous pouvez partager des moments authentiques sans être émotionnellement en feu.

Parties prenantes : Votre tribu est là, mais elle n'arrive pas seule

Recherchez des espaces qui rassemblent des personnes ayant des goûts similaires : ateliers d'écriture, clubs de lecture, groupes d'excursions, cours de cuisine, cercles de méditation, théâtre communautaire, jardinage urbain, cours de poterie ou même des cours en ligne avec des forums actifs. Peu importe que vous soyez timide ou que vous arriviez seul. La plupart d'entre eux sont là pour la même raison : partager quelque chose de différent, briser la routine, se réconcilier.

Le bénévolat : l'antidote parfait à l'isolement émotionnel

Aider les autres est l'une des plus belles façons de s'aider soi-même. Vous pouvez collaborer dans des refuges pour animaux, des banques alimentaires, des bibliothèques, des activités avec des enfants ou des programmes écologiques. Vous y trouverez des personnes sensibles, engagées et, surtout, sans avoir besoin de parler de l'ex ou de faire semblant d'aller bien. Simplement, qu'il s'en sienne. Et d'ajouter. Et laissez-vous surprendre.

Événements culturels et ateliers express : vivez une expérience sans compromis

Parfois, il est préférable d'essayer. Aller à une foire d'art, une conversation dans un café, un cours le week-end. Quelque chose qui ne l'oblige pas à continuer s'il n'aime pas, mais qui lui donne l'élan de quitter la maison et de s'exposer au monde. Vous n'avez pas besoin de bons liens au début.

Seulement de nouveaux scénarios dans lesquels tout ne sent pas le passé.

Espaces numériques sains : oui, il y en a aussi

Réseaux sociaux bien utilisés, communautés thématiques, groupes sur des sujets qui vous passionnent. Oui, vous pouvez rencontrer des gens intéressants sur Internet sans vous impliquer émotionnellement. La clé est l'objectif, et non l'urgence de combler un vide.

Sortir dans le monde sans chercher de partenaire, juste pour le plaisir d'appartenir à quelque chose de plus grand que sa douleur, est un acte de courage. Et rappelez-vous une chose très puissante : vous n'êtes pas seul. Vous ne l'avez jamais été. Ce n'est que maintenant, enfin, que vous êtes prêt à regarder au-delà du miroir brisé. Et de se retrouver, aussi, dans les autres. Pas d'urgence. Sans armure. Vous n'avez pas besoin de romance pour vous sentir à nouveau vivant.

La différence entre le soutien et la dépendance

Après une rupture, il est normal d'avoir l'impression de perdre du terrain. Que vous avez besoin de parler à quelqu'un, de tenir ceux qui vous écouteront, que quelqu'un vous dit quoi faire quand vous ne savez même pas comment vous lever. Eh oui, chercher du soutien est sain, nécessaire, vital. Mais attention : l'accompagnement n'est pas la même chose que l'addiction. L'un vous tient. L'autre l'étouffe.

Le soutien est de la compagnie, pas du salut. C'est à ce moment-là que vous pouvez parler à vos amis, pleurer avec votre sœur, voir votre thérapeute ou câliner votre chien sans attendre qu'il découvre votre vie pour vous. C'est quand vous ressentez de la retenue sans perdre de l'autonomie. Vous pouvez partager votre douleur sans que quelqu'un d'autre ne la porte. Vous pouvez écouter des conseils sans céder la direction de votre dossier à qui que ce soit. Le soutien est ce réseau invisible qui vous soutient..., mais il ne marche pas seul.

La dépendance, en revanche, se produit lorsque vous ne pouvez pas respirer si cette personne ne vous répond pas. Lorsque vous avez besoin d'une approbation constante pour chaque décision.

Quand vous ne savez pas qui vous êtes en dehors du lien. Lorsque vous faites de quelqu'un votre centre émotionnel, votre seule source de stabilité, votre « tout ». Et cela, même déguisé en amour ou en amitié, est une prison qui se déguise en refuge.

Être dépendant émotionnellement de quelqu'un, c'est lui demander de prendre soin d'elle-même comme si elle était fragile. Vous soutenir, c'est savoir que vous êtes détruit, oui, mais en train de vous reconstruire. Une personne qui vous soutient vous donne de l'espace, pas du contrôle. Il l'écoute, mais ne le dirige pas. Elle le réconforte, mais ne l'annule pas. Et vous, en vous fiant à vous-même, conservez le pouvoir sur votre processus.

La principale différence ? Le soutien vous rend plus fort. L'addiction l'affaiblit. L'un vous relie à vous-même. L'autre vous déconnecte de vous.

Vous êtes dans un moment de vulnérabilité, oui. Mais cela ne signifie pas que vous devez vous donner complètement à un autre être humain pour vous sentir en sécurité. Ce dont vous avez besoin, c'est de vous entourer de ceux qui vous rappellent votre force lorsque vous l'oubliez. De ceux qui ne résolvent pas leur vie, mais marchent à leurs côtés pendant qu'ils la reconstruisent.

Tenez-vous-y, bien sûr. Il pleure sur des épaules sincères. Demandez de l'aide. Mais ne vous oubliez jamais dans le processus. Parce que personne ne vous sauvera comme vous le pouvez. Et lorsque vous faites cela, en vous soutenant et sans être dépendant, vous ressentirez quelque chose d'incroyable : la liberté. Et ce n'est pas négociable.

Réflexion sur la relation : qu'ai-je appris ?

Après une rupture, il arrive un moment où les pleurs s'apaisent, le drame s'estompe et le silence commence à céder la place à une question inconfortable mais puissante : qu'ai-je appris de tout cela ? Et il ne s'agit pas de chercher le bon côté du chagrin par obligation, ou de transformer immédiatement la souffrance en poésie, mais de regarder honnêtement en arrière et de tirer quelque chose de précieux d'une histoire qui est déjà terminée.

Peut-être avez-vous appris ce que vous n'êtes plus prêt à tolérer. Peut-être avez-vous compris qu'il ne suffit pas d'aimer : il faut aussi avoir du respect, de la réciprocité, de la présence, de la vérité. Vous avez peut-être déjà découvert à quel point vous vous êtes adapté pour vous lancer dans quelque chose qui ne laissait pas de place pour respirer. Ou à quel point vous vous êtes abandonné par peur d'être seul. Tout cela compte aussi. Et beaucoup.

Apprendre ne signifie pas justifier ce qui vous a blessé. Cela signifie reconnaître les signes que vous avez ignorés, les limites que vous ne vous êtes pas fixées, les fois où vous vous êtes trahi au nom du « nous ». Cela signifie voir la dynamique avec des yeux plus clairs, non pas pour la punir, mais pour grandir. Parce que personne ne sort indemne de l'amour, mais personne n'en sort le même. Et si vous ne pouvez pas éviter l'arnaque, vous pouvez au moins choisir quoi faire de ce qui reste.

Peut-être avez-vous aussi appris de belles choses : que vous êtes capable de vous donner, de miser sur un lien, de construire à partir de l'affection. Que votre capacité à aimer est toujours vivante, même si quelqu'un n'a pas été capable de l'apprécier. On peut à nouveau lui faire confiance, l'entendre, le partager. Cet amour n'était pas une erreur, même si la fin a fait mal.

Demandez-vous honnêtement : quelles parties de moi ont grandi ? Quelles blessures y avait-il avant ? Quelles sont les sonnettes d'alarme que j'ai négligées par peur de l'abandon ? Qu'ai-je appris sur la façon dont j'aime et dont je suis aimé ? Non pas pour lui faire des reproches, mais pour ne pas répéter le cycle avec un nouveau nom.

La réflexion ne vient pas d'un seul coup. Il vient par vagues, parfois en riant, parfois en pleurant, parfois au milieu d'une chanson ou dans une conversation informelle. Mais quand ça arrive, quelque chose change : vous cessez de regarder la relation avec nostalgie ou colère, et vous commencez à la voir comme un professeur dur, oui..., mais nécessaire.

Toutes les relations ne sont pas faites pour rester. Certains viennent juste pour vous montrer ce que vous avez encore besoin de guérir, ce que vous méritez et ce que vous ne permettrez plus. Si vous l'avez appris, ce n'était pas en vain. C'était une leçon. C'était la circulation. C'était une partie de son histoire. Et maintenant, avec tout ce que j'ai appris, vient la partie la plus importante : écrire le nouveau. Avec vous comme protagoniste. Sans répéter ce qu'il a déjà compris. Et sans négliger ce qu'elle a finalement découvert sur elle-même.

Identifiez les schémas négatifs dans vos relations

L'une des choses les plus puissantes que vous puissiez faire après une rupture – et aussi l'une des plus inconfortables – est de vous regarder dans le miroir émotionnel sans filtres et de vous demander : Qu'est-ce que je répète souvent dans mes relations ? Parce que même si le visage de l'Ex change, si le scénario émotionnel est le même, la fin le sera aussi.

Les modèles négatifs ne sont pas des coïncidences du destin ou de la malchance romantique. Ce sont des répétitions qui naissent de vieilles blessures, de croyances erronées ou de besoins mal compris. Et si vous ne les identifiez pas, vous finissez par attirer le même genre d'histoire avec un nom différent et un nouveau parfum.

Choisissez-vous toujours des personnes qui sont émotionnellement indisponibles ? Avez-vous du mal à fixer des limites et finissez-vous par donner plus que ce que vous recevez ? Confondez-vous l'intensité avec l'amour ? Vous engagez-vous avec quelqu'un qui a besoin d'être « secouru » et portez-vous la cape d'héroïne ? Tolérez-vous le manque de respect parce que « personne n'est parfait » ?

Vous accrochez à peu de chose de peur de vous retrouver sans rien ?

Ce sont toutes des normes. Et ils ne se cassent pas tant que vous ne les avez pas vus clairement et sans excuses. La clé est de reconnaître que vous avez aussi participé à la dynamique. Non pas pour le blâmer, mais pour lui donner du pouvoir. Parce que si vous faisiez partie du cycle, vous pouvez aussi choisir d'en sortir.

Faites une liste brutalement honnête de ce qui s'est répété dans vos relations passées. Qu'a-t-il toléré en silence ? Qu'avez-vous ignoré, même si vous saviez que cela vous ferait du mal ? Quelle partie de vous êtes-vous recherchée chez les autres que vous ne saviez pas comment vous donner ? C'est inconfortable, oui. Mais c'est le début de la liberté émotionnelle.

Et une fois que vous les avez identifiés, donnez-leur un nom. Notez-les. Lisez-les. Dites-les à haute voix si nécessaire. Plus vous les rendez conscients, moins vous risquez d'y retomber par inertie. Parce qu'il ne s'agit pas de promettre que vous ne ferez plus d'erreurs. Il s'agit de reconnaître où vous avez choisi... et choisir différemment.

Guérir, ce n'est pas effacer ce qui a été vécu. C'est le comprendre. C'est pour lui dire : j'ai déjà compris pourquoi j'ai choisi ce chemin, mais maintenant je ne suis plus cette version de moi qui s'est conformée, qui s'est tue, qui s'est perdue. Parce qu'une fois que vous voyez le motif, vous ne pouvez plus le cacher. Et avec cette connaissance, vous êtes beaucoup plus proche de l'établissement de relations où vous n'avez pas à mendier pour ce que vous savez maintenant que vous méritez.

Pardonner (vous et votre ex, si possible et en bonne santé)

Le mot pardon sonne bien en théorie, mais lorsque vous avez le cœur brisé et qu'une liste mentale de blessures est encore palpitante, la dernière chose que vous voulez est de « lâcher prise avec amour ». Parce que, soyons honnêtes, parfois vous avez envie de lâcher prise avec une gifle verbale, avec une déclaration que vous n'avez jamais faite, avec une liste détaillée de tout ce qui vous a blessé. Et c'est normal de l'entendre. Le pardon ne commence pas par la paix, mais par la blessure.

Mais finalement, si vous voulez vraiment guérir, vous allez devoir passer par ce terrain difficile du pardon. Et pas pour l'autre. Pour vous. Car porter du ressentiment, de la culpabilité, des réprimandes répétées, c'est comme porter un sac à dos rempli de pierres émotionnelles qui ne permettent pas d'avancer. Et vous n'êtes pas ici pour ramper dans le passé. Vous êtes ici pour le laisser partir sans qu'il ne vous tire vers le bas.

Se pardonner est la première étape

Je suis désolé d'avoir raté beaucoup de choses. Pour vous avoir fait taire. Pour avoir cru aux excuses. Pour s'être perdu dans la tentative d'aimer.

Tu n'étais pas stupide. Vous étiez amoureux. Vous appreniez. Vous pariiez. Il a fait du mieux qu'il a pu avec ce qu'il savait à l'époque. Et maintenant, vous en savez plus. Maintenant, choisissez-vous vous-même. Ne vous reprochez donc pas de ne pas savoir ce que vous entendez maintenant par douleur.

Pardonner à son ex (si possible et en bonne santé)

Il ne s'agit pas de justifier ce qu'il vous a fait. Il ne s'agit pas de dire « ce n'était pas si grave » ou de lui sourire à nouveau par courtoisie émotionnelle. Pardonner à votre ex ne signifie pas que vous devez lui parler à nouveau, ou maintenir l'amitié, ou effacer tout ce qui fait mal. C'est ne plus lui souhaiter de punition. Arrêtez de répéter les erreurs dans votre tête. Arrêtez de lui laisser de l'espace dans votre tranquillité d'esprit.

Et si vous n'arrivez toujours pas à pardonner, ne vous forcez pas. Toutes les exemptions n'arrivent pas à temps. Parfois, le vrai pardon se produit quand vous n'y pensez même plus. Mais l'important, c'est que nous ne nous laissions pas prendre par la haine, parce que la haine unit aussi. Appelez aussi. Cela vous vole également de l'énergie.

Pardonner, c'est abandonner l'illusion que le passé peut changer. C'est accepter que ce qui était, était. Que vous n'êtes plus là. Que vous pouvez regarder en arrière sans rester bloqué. Et que vous pouvez aller plus léger, sans emporter avec vous ce que vous ne pouvez pas réparer.

Ce n'est pas facile. Ce n'est pas rapide. Mais c'est libérateur. Et ce n'est pas fait pour l'autre. Il est fait pour vous. Pour que votre histoire ne reste pas coincée dans un chapitre de douleur. Pour que, lorsque vous fermez ce livre, vous ne le fermiez pas en colère, mais calmement. Fortement. Dignement. Et avec suffisamment de pardon pour que vous ne vouliez pas répéter ce que vous ne voulez pas vivre à nouveau.

Briser le cycle : comment éviter de répéter les mêmes erreurs

Sortir d'une relation fait mal, mais répéter la même histoire sous un nom différent fait plus mal. Parce qu'il n'y a rien de plus frustrant que de se dire « cette fois-ci ce sera différent »... Et se retrouver dans le même cycle émotionnel, avec les mêmes blessures, les mêmes promesses non tenues, les mêmes larmes sur de nouveaux plats. Briser le cycle n'est pas de la chance, c'est de la prise de conscience. Eh oui, c'est le cas. Mais c'est le chemin le plus court vers une vie plus libre, plus saine et plus émotionnelle.

La première étape : reconnaître son point de vue avec une honnêteté brutale

Il ne s'agit pas de se blâmer, mais de se regarder sans déguisements. Où avez-vous surmonté ? Quels signaux a-t-il ignorés ? Quelles promesses s'est-il fait à lui-même et les a-t-il rompues ? Quel modèle continue-t-il d'attirer : des amours absentes, dépendantes, inégales ? Le cycle n'est brisé que lorsque vous assumez la responsabilité de vos choix, sans excuses et sans romance.

Deuxièmement : cesser d'idéaliser l'amour comme salut

Vous n'êtes pas incomplet. Vous n'avez pas besoin de quelqu'un pour vous « sauver » ou d'une relation qui vous fait sentir précieux. Tant que vous continuerez à chercher quelqu'un pour le réparer, vous continuerez à tomber dans des pièges où vous finirez par être brisé. L'amour n'est pas un pansement émotionnel, c'est un complément à ce que vous êtes déjà. Et vous êtes assez.

Troisièmement : Fixez vos limites avant de tomber amoureux, pas après

Si vous ne savez pas ce que vous n'allez pas tolérer, vous finirez par le tolérer. Faites une liste de vos non-négociables et soyez clair à leur sujet avant d'ouvrir à nouveau votre cœur. Parce que lorsque vous n'avez pas de limites définies, vous devenez malléable au désir des autres. Et cela, tôt ou tard, le dévaste.

Quatrièmement : Écoutez plus ce que vous entendez qu'à ce qu'on vous dit

Les mots vous font tomber amoureux, mais les actions révèlent. Il ne peut pas justifier les incohérences avec des excuses telles que « mais parfois, il me montre qu'il se soucie de moi ».

Parfois, ce n'est pas suffisant. Le schéma se répète lorsque vous entendez les promesses et faites taire votre intuition. La prochaine fois, croyez plus à ce qui vous met mal à l'aise qu'à ce qui vous excite.

Cinquièmement : Ne confondez pas l'intensité avec l'amour véritable

Le drame, les hauts et les bas, la jalousie déguisée en passion... Tout cela peut sembler convaincant, mais ce n'est pas un amour sain. C'est une montagne russe émotionnelle. Et chaque fois que vous vous levez sans ceinture émotionnelle, vous tombez plus fort. Le véritable amour ne vous fait pas trembler d'anxiété. Donnez-lui la paix.

Et enfin : faire de la connaissance de soi votre boussole

Allez en thérapie si vous le pouvez. Écrit. Lire. Parlez-vous honnêtement. Apprenez avec vous-même. Parce que plus on se connaît, moins on se trahit. Et quand vous ne vous trahissez pas, choisissez mieux. Non plus de faim émotionnelle, mais de plénitude.

Briser le cycle ne signifie pas promettre que vous n'échouerez plus jamais. Il s'agit de décider que cette fois-ci, vous ne vous ignorerez pas. Que vous n'entrerez plus dans une relation avec un bandeau sur les yeux. Qu'il n'est pas nécessaire de répéter la leçon pour l'apprendre. Parce que cette fois, il ne s'agit plus de trouver l'amour de votre vie. Il s'agit de ne plus jamais se perdre avec qui que ce soit. Et c'est cela, oui, l'amour. Le bon gars. Celui qui commence avec vous.

Nostalgie idéalisée contre réalité

L'un des ennemis les plus silencieux après une rupture n'est pas votre ex.... C'est votre mémoire sélective. Celui qui efface toutes les discussions, minimise les larmes et transforme chaque beau moment en un poème épique digne de Netflix. Soudain, vous passez à côté de choses que vous n'aimiez même pas beaucoup. La routine vous manque, le bonjour avec des emojis, l'odeur de son parfum, la façon dont elle vous a serré dans ses bras alors que vous ne saviez même pas pourquoi vous étiez ensemble. Cela vous semble familier ? Ce n'est pas de l'amour. C'est une nostalgie idéalisée. Et c'est un piège.

La nostalgie idéalisée est comme un film mal monté : il ne reste que les meilleures scènes, avec une musique de fond, un éclairage parfait et des silences significatifs. Mais si vous revenez honnêtement, il y a aussi des chapitres qui vous ont blessé, des dialogues qui vous ont brisé, des gestes que vous avez ignorés, des vides que vous avez remplis avec la force de l'espoir. Ne vous y trompez pas : vous le ratez, oui... Mais tout n'était pas aussi bon que votre esprit voudrait vous le faire croire.

Et non, vous n'êtes pas fou. Le cerveau fait cela pour survivre. Parfois, il s'accroche au bien pour justifier ce qu'il a blessé. Parce que cela fait moins mal de penser que vous avez perdu quelque chose de beau que d'accepter que vous soyez dans un endroit qui n'était pas sain. Mais idéaliser le passé est le moyen le plus direct de retomber, de revenir, de répéter. Parce qu'il confond « parfois c'était sympa » avec « ça peut encore marcher ».

Alors, comment arrêter cette nostalgie qui embellit ce que vous avez foiré ? Se souvenir des détails concrets. Comment vous sentiez-vous par rapport à vous-même lorsque vous étiez avec cette personne ? Combien de fois êtes-vous allé au lit avec des boules-de-gorge ? Qu'a-t-il cessé d'être, de faire, de dire pour maintenir la paix ? Créez des listes. Notez ce qui vous a blessé, ce qui vous a réduit au silence, ce que vous avez toléré. Ne détestez pas. Rappelez-vous clairement.

Il ne s'agit pas d'effacer les bons moments. Il s'agit d'arrêter d'en faire un prétexte pour revenir à ce qui ne leur appartient plus. Parfois, l'amour existait, oui..., mais ce n'était pas suffisant. Parfois, c'était réel, mais ce n'était pas juste. Parfois, vous avez donné le meilleur de vous-même et ce n'était pas suffisant. Et cela fait aussi partie de la réalité.

L'accepter ne signifie pas arrêter de ressentir. Cela signifie arrêter de se mentir à soi-même.

La nostalgie idéalisée est confortable, mais elle ne vous permet pas d'avancer. La réalité, en revanche, fait parfois mal..., mais libre. Et ce n'est qu'à partir de cette vérité que l'on peut commencer à écrire quelque chose de nouveau. Quelque chose de plus à vous. Quelque chose que vous n'avez pas besoin d'embellir pour durer. Car, cette fois-ci, il ne s'agit pas de se souvenir du bien. Il s'agit de construire quelque chose que vous n'avez pas à oublier.

Peur de la solitude, pression sociale

L'un des plus grands monstres qui apparaissent après une rupture n'a pas le visage d'un ex, mais du vide. C'est cette peur de la solitude qui s'insinue dans la maison lorsque les lumières s'éteignent, lorsqu'il n'y a plus de messages de bonne nuit, lorsque personne ne vous demande comment s'est passée votre journée. Et à cette peur s'ajoute une autre voix agaçante : celle de la pression sociale, qui non seulement donne son avis, mais murmure des choses comme « tu devrais être avec quelqu'un d'autre maintenant » ou « et quand devrais-tu ? ».

La peur d'être seul n'est pas une faiblesse, elle est humaine. On nous a toujours enseigné que l'amour est un but, un destin, une médaille. Que si vous n'avez pas de partenaire, vous êtes incomplet. Ce célibat est une sorte de salle d'attente inconfortable. Mais ce n'est pas le cas. La solitude n'est pas un échec. C'est l'espace. C'est un silence fécond. C'est l'endroit où vous pouvez vous entendre à nouveau après tant de bruit des autres.

Être seul ne signifie pas être vide. Cela signifie être avec soi-même. Et cela, au début, peut être vertigineux, car nous n'avons pas l'habitude d'être élus sans témoins. Mais c'est aussi là que l'on grandit, où l'on récupère des parties de soi-même qui ont été diluées entre les rendez-vous, les sacrifices et les concessions.

Et qu'en est-il de la pression sociale ? Qu'il attende. Laissez-la exprimer son opinion. Qu'il fasse la queue. Vous n'êtes pas ici pour entrer dans les moules. Vous ne devriez pas avoir un partenaire à un certain âge, ou vous marier pour vous épanouir, ou avoir l'air heureux sur les réseaux sociaux avec quelqu'un juste pour éviter les questions inconfortables lors des réunions de famille. Votre paix vaut plus que n'importe quel « qu'en est-il de votre petit ami ? » La vie n'est pas un concours de mariage ou un spectacle photo de couple. C'est un chemin qu'il est préférable de parcourir lorsque l'on n'abandonne pas de peur d'être laissé sans accompagnement.

Tu es seul maintenant, oui. Mais vous n'êtes pas incomplet. Vous êtes avec vous-même. Et lorsque vous apprenez à être avec vous-même sans souffrir, sans vous précipiter pour remplir l'espace avec quoi que ce soit, alors vous êtes prêt à aimer à nouveau. Pas par nécessité. Par choix. Et là, là, la peur de la solitude n'a plus de pouvoir. Parce qu'il a découvert qu'il n'a besoin de personne pour se sentir accompagné, tant qu'il n'y retourne pas seul. Plus jamais.

La « zone de confort » du connu

Peu de choses sont aussi addictives que ce que vous savez déjà, même si cela fait mal. C'est pourquoi tant de gens se réunissent avec leur ex-partenaire, même s'ils savent que ce n'est pas pratique pour eux. C'est pourquoi vous vous retrouvez à lire de vieilles conversations, à ne vous souvenir que des bonnes choses, à vous demander si c'était vraiment si mauvais. La raison n'est pas toujours l'amour. C'est souvent une habitude. Fausse sécurité émotionnelle. La zone de confort où, même s'il lui manquait quelque chose, il savait survivre.

Cette zone est dangereuse. Non pas parce que c'est confortable, mais parce que c'est familier. Et ce qui est familier, aussi toxique soit-il, peut sembler plus sûr que le nouveau. Votre esprit préfère le connu, même s'il vous entraîne dans la même douleur. Parce que vous avez déjà appris à marcher avec vos blessures. Ce que vous ne savez pas, c'est comment marcher sans eux. Et c'est effrayant.

Sortir de là, c'est comme lâcher une corde sans savoir s'il y a un filet en dessous. C'est le sentiment d'être seul, sans protection, sans repères. Mais vous savez quoi ? Cette corde ne vous soutenait pas. Il l'a fícté. Il vous faisait vous retourner au même point, appelant « amour » ce qui était souvent de l'anxiété déguisée.

La zone de confort est cet endroit où vous vous répétez « ce n'est pas si mal » pendant que votre estime de soi se fond dans le silence. Où l'on faisait du jonglage émotionnel pour justifier ce qui n'était pas justifié. Où vous étiez à moitié de vous-même, à moitié effrayé par le changement.

Eh oui, sortir de là est inconfortable. Vous ressentirez de la nostalgie, des doutes, des tentations de revenir. Mais si vous restez immobile, vous vous rendrez compte un jour que ce qui semblait être de la sécurité était de la résignation. Que ce qu'ils appelaient l'amour était une nécessité. Et qu'en dehors de ce domaine, il y a de la vie. Il y a de nouvelles versions de vous que vous ne connaissez pas parce que vous ne les laissez jamais respirer.

Sortir de votre zone de confort ne signifie pas que vous irez bien tout de suite. Cela signifie que vous vous choisissez vous-même, même si cela fait mal. Que vous misez sur l'inconnu dans l'espoir que, cette fois-ci, vous n'aurez pas à reculer pour vous adapter.

Parce que lorsque vous lâchez le connu qui vous blesse, vous faites place à l'inconnu qui peut vous guérir. Et c'est là que commence la vraie liberté : lorsque vous choisissez le risque de grandir plutôt que la peur de vous répéter. Parce que vous méritez plus que de survivre. Vous méritez de découvrir ce qu'il y a en dehors du cercle qui ne vous contient plus.

Les tentatives de votre ex pour revenir (et comment y faire face)

Cela semble être une loi universelle : quand vous commencez à mieux respirer, quand vous arrêtez de vérifier leur profil, quand vous vous endormez enfin sans regarder votre téléphone... Apparaît. Votre ex. Comme s'il avait été invoqué pour ses progrès. Parfois avec un message cryptique comme « comment allez-vous ? », d'autres fois avec une excuse absurde comme « Je me suis souvenu de toi parce que j'ai trouvé ton chargeur », et dans les cas les plus somptueux, avec une déclaration digne d'un feuilleton télévisé : « Je comprends que je t'aime ». Aha.

Ce n'est pas parce que votre ex veut se remettre ensemble qu'il devrait le faire. Une rechute n'est pas un signe divin. C'est tout ce qu'il y a à faire : une rechute. Et votre travail n'est pas d'analyser si cette époque est réelle. Votre travail consiste à vous demander si, cette fois-ci, vous êtes prêt à retourner au même endroit qui vous a blessé.

Premièrement : Arrêtez-vous et respirez

Ne répondez pas avec de la chaleur. Ne refroidissez pas vos espoirs. Rendez service à votre santé mentale : gardez le message, prenez du recul et demandez-vous si ce que vous ressentez est de l'amour... ou la dépendance au connu. Parfois, ce n'est pas la personne qui vous manque, mais la routine, la validation, le rôle que vous aviez aux côtés de quelqu'un.

Deuxièmement : rappelez-vous pourquoi cela s'est terminé

N'oubliez pas, non pas la mélancolie, mais la clarté. Qu'est-ce qui vous a fait pleurer ? Quelles parties de vous étaient fermées pendant votre séjour ? Combien cela vous a-t-il coûté de partir ? Relire des conversations, examiner des revues, parler à un ami qui a vécu le processus avec vous peut vous ramener à la concentration. L'amour sain ne sort pas insouciant, ni n'apparaît seulement lorsqu'il vous perd.

Troisièmement : Évaluez vos intentions, pas vos paroles

Revient-il parce qu'il vous aime ou parce qu'il ne supporte pas de le voir continuer ? Revient-il quand il vous voit fort ou quand il sait que vous êtes vulnérable ? Revenez-vous avec de nouveaux faits ou avec les mêmes promesses recyclées ? Un « j'ai changé » sans preuve ne vaut rien. La vraie repentance se voit, elle ne se dit pas.

Quatrièmement : Décidez fermement, pas avec nostalgie

Si vous décidez de ne pas ouvrir la porte, laissez-la faire pour vous. Pas par colère. Pas par fierté. Pour la paix. Pour la dignité. Parce que vous méritez un amour qui n'a pas besoin de vous perdre pour vous apprécier. Si vous décidez d'écouter, faites-le à partir de votre version actuelle, et non de celle que vous attendiez en miettes.

Et si vous l'avez bloqué et qu'il insiste toujours, rappelez-vous : insister n'est pas de l'amour. C'est l'ego. Et l'amour qui revient sur un coup de tête ne reste généralement pas avec l'engagement. Alors protégez tout : votre processus, votre paix, votre nouvelle vie.

Parce que cette fois-ci, vous n'êtes pas là pour le répéter. Vous devez vous choisir vous-même. Même si votre main tremble. Même si ça fait mal. Même si une partie de vous veut dire « oui ». Choisissez votre évolution. Pas votre passé. Votre ex a déjà eu sa chance. Maintenant, vous l'avez. Vous. Pour toujours.

Rappel de la raison pour laquelle la relation a pris fin

Lorsque le cœur commence à guérir, mais que l'esprit devient nostalgique, le célèbre « peut-être que ce n'était pas si mal », « j'ai dû exagérer » ou le classique « peut-être que nous changerons tous les deux et cette fois cela fonctionnera » apparaissent. Non. Télécharger. Respirer. Ce n'est pas l'univers qui vous donne un signe, c'est votre mémoire qui vous trompe. Et pour cette raison, vous avez besoin de rappels clairs, en face à face et sans sucre ajouté de la raison pour laquelle cette relation a pris fin. Parce que si vous ne le faites pas, vous courez le risque de romancer votre propre blessure.

1. Il se sentait seul même lorsqu'il était accompagné

Un partenaire qui n'est pas présent émotionnellement n'est pas de la compagnie, il est un miroir vide. Vous étiez là, mais vous vous sentiez ignoré, pas entendu, pas vu. Et cela, au fil du temps, vous a brisé plus que n'importe quel argument.

2. Vous en avez eu assez d'essayer de sauver quelque chose qui n'était pas seulement le vôtre

Il a fait sa part. Trop. Il a justifié, pardonné, donné des opportunités qui n'ont pas été conquises. Mais une relation ne se construit pas sur des rustines, des sacrifices et des espoirs unilatéraux. Ce n'est pas de l'amour si vous poussez le bateau.

3. Tu t'es annulé pour nous embêter

Il garda le silence sur ce qui l'avait blessé. Il s'est adapté. Vous avez cédé. Vous êtes devenu la version la moins libre de vous-même pour garder la paix. Et cet « amour » qui vous demandait de cesser d'être vous-même n'était pas de l'amour. C'était le contrôle, la peur ou l'addiction.

4. Vous n'avez pas été valorisé comme vous le méritiez

Peut-être y a-t-il eu des oublis subtils. Critiques constantes. Indifférence. Ou simplement un manque de réciprocité qui l'a laissé émotionnellement vide. L'amour qui ne prend pas soin de vous, qui ne vous respecte pas, qui ne vous célèbre pas... Ce n'est pas de l'amour, peu importe le nombre de baisers qu'il y a eu.

5. Ils ont trahi votre confiance (et la cicatrice brûle toujours)

Une trahison, un mensonge, une infidélité ou bien des petites déceptions qui vous ont fait vivre sur le qui-vive. Vous étiez en mode « détective émotionnel » tout le temps. Et une relation qui a besoin de vigilance n'est pas un foyer. C'est une guerre froide.

6. Vous n'étiez pas heureux, même si vous vous l'êtes répété comme un mantra

Il essaya de se convaincre qu'il était normal de se sentir ainsi. Que tous les couples passent par là. Que peut-être le problème, c'était vous. Mais votre corps ne ment pas. Vos nuits blanches, vos larmes, vos doutes incessants... C'était son intuition qui criait.

7. Sortir avec quelqu'un vous coûte tellement cher que revenir en arrière vous trahirait

N'oubliez pas à quel point cela m'a fait mal de partir. Combien tu t'es battu contre toi-même pour ne pas revenir. Combien cela lui a coûté de reconstruire sa routine, son estime de soi, son identité. Le retour n'est pas romantique. Il se brise à nouveau les yeux ouverts.

Ces souvenirs ne doivent pas être haïs, ni vécus avec rancœur. Ils servent à vous garder les pieds sur terre. Pour qu'il ne revienne pas à ce qu'il lui a déjà montré qui n'était pas sa place. Parce que chaque fois que votre cœur s'adoucit avec de doux souvenirs, ces raisons seront là pour vous rappeler toute la vérité. Et la vérité est claire : il est parti parce qu'il méritait mieux. Et vous le méritez toujours. N'oublie pas. Plus jamais.

Ayez un « plan d'évacuation » en cas de faiblesse

Parce que oui, ça arrivera. Il y aura une journée grise, une nuit blanche, une chanson traîtresse ou simplement une explosion de solitude qui bat dans la poitrine avec l'envie d'écrire « bonjour, comment allez-vous ? ». Et à cet instant, votre cerveau émotionnel cherchera des excuses (« Je veux juste savoir si ça va »), votre ego voudra vérifier si vous lui manquez, et votre blessure vous criera que peut-être, juste peut-être, vous devriez revenir. C'est pourquoi vous avez besoin d'un plan d'évacuation avant que la faiblesse ne vous prenne au dépourvu.

1. Votre « boîte d'urgence émotionnelle »

Littéralement ou symboliquement, faites une liste avec des rappels de la raison pour laquelle vous êtes parti : des phrases, des entrées de journal, des chansons puissantes ou cette photo sur laquelle vous ne vous êtes même pas reconnu à cause de tant de douleur. Votre moi actuel doit protéger votre moi futur lorsqu'il vacille. Laissez des indices pour ne pas vous perdre.

2. Créez une liste d'actions concrètes

– Appelez cet ami qui ne vous laissera pas retomber

– Se promener sans téléphone portable

– Aller se baigner comme s'il s'agissait d'un rituel de purification

– Relire ce livre ou ce chapitre

– Faire un film dans lequel le protagoniste n'est pas réuni avec son ex

Dans les moments de faiblesse, le cerveau a besoin de structure, pas de réflexion profonde.

3. Verrouillage préventif : pas d'accès, pas de rechute

Si vous savez que vous le regardez en ligne, il tente, si vous savez qu'une histoire le déstabilise... Désactiver, supprimer, bloquer. Pas pour le punir. Pour vous protéger. Et si vous l'avez déverrouillé « juste par curiosité », verrouillez-le à nouveau sans aucun problème. Votre paix vaut plus que ce doute.

4. Avoir des phrases courtes qui interrompent la rechute

Écrivez une phrase comme « si je reviens, je me perdrai à nouveau » ou « Je me suis déjà promis de ne pas mendier de l'affection » et collez-la sur le miroir, le papier peint, la porte du réfrigérateur. Dans les moments d'impulsivité, une phrase claire peut être un point d'ancrage.

5. Faites un pacte avec vous-même

Promettez-vous qu'avant d'écrire ou de vous rabattre dessus, vous ferez au moins trois choses sur votre liste. Si vous souhaitez tout de même revenir après... D'accord, mais faites tout le processus. Neuf fois sur dix, vous ne voudrez pas faire ça.

6. N'oubliez pas : il s'agit d'une émotion, pas d'un ordre

Avoir le béguin ne signifie pas que vous devez passer à l'action. Le désir de revenir en arrière est comme un désir émotionnel : si vous le laissez aller, il diminue. Vous n'avez pas besoin de « comprendre » sur place. Respirez, résistez et laissez l'envie ne pas vous submerger.

Avoir un plan ne vous rend pas faible. Rendez-le sage. Parce qu'il ne s'agit pas de ne pas ressentir,

mais de ne pas laisser une émotion temporaire détruire tout ce que vous avez construit. Votre paix ne se négocie pas dans une nuit de nostalgie.
Préparez-vous aux périodes de vulnérabilité...
Parce que cela fait aussi partie de l'amour que l'on t'aime.

Visualisez votre avenir sans votre ex

Boucler la boucle, ce n'est pas seulement laisser le passé de côté, mais aussi faire place à l'imagination de ce qui est à venir. Et quand vous sortez d'une relation, cela semble impossible. Votre esprit ne cesse de tourner autour de ce qui a été, de ce qui aurait pu être et de ce qui ne sera pas. Visualiser l'avenir sans son ex n'est pas facile, mais c'est essentiel. C'est ce moment où vous arrêtez de survivre... créer.

Et non, il ne s'agit pas de s'imaginer danser seul sur la plage dans une robe blanche pendant que tout glisse sur vous. Il s'agit de visualiser une version de vous-même qui n'est plus définie par cette histoire. Une femme qui ne porte pas la tristesse comme un sac à dos ou la peur comme une boussole. Une femme qui n'a pas besoin d'avoir un partenaire pour se sentir complète, et qui ne se demande plus « qu'est-ce que tu penses de ça ? », mais « est-ce que ça me fait du bien ? ».

Visualiser son avenir, c'est se construire de nouvelles références. Imaginez-vous réveiller paisiblement, sans vérifier votre téléphone. Rire aux éclats avec de nouveaux amis. Pour étudier ce que vous avez toujours repoussé. Voyager seul ou avec quelqu'un qui vous apporte sa contribution. Vivre dans un espace à part, décoré avec tout ce qu'il aime et sans que personne ne le critique. Faire des choses que vous n'avez pas faites auparavant parce qu'il ne les a pas satisfaites.

Peut-être vous voyez-vous fort, à la tête d'un projet. Ou tranquillement, cultiver votre jardin. Ou gratuitement, en embarquant dans un avion avec un billet aller simple. Le comment n'a pas vraiment d'importance. L'important est que vous n'attendiez personne pour commencer.

Et si vous avez du mal à imaginer cet avenir, commencez par de petits extraits : une journée sans anxiété, un repas que vous cuisinez vous-même, une nuit où vous vous endormez sans pleurer. Le futur n'arrive pas comme dans un film. Cela se voit dans de nouvelles scènes que vous décidez d'écrire.

Lorsque vous visualisez votre vie sans votre ex, vous ne l'effacez pas, vous le laissez en place. Une partie de son histoire, pas le centre de son existence. Et ce faisant, vous ouvrez la porte à ce qui compte le plus : vous-même. Pas de filtre. Intrépide. Sans répéter ce qui ne lui appartient plus.

L'avenir n'est pas ce qui « arrive ». L'avenir est ce que vous construisez aujourd'hui avec chaque décision, chaque limite, chaque acte d'amour de soi. Et cet avenir, même si vous ne le voyez pas encore clairement, n'a plus besoin de son ombre pour briller. Parce que cette fois, le soleil se lève pour vous. Juste pour vous.

Digital Detox : Désabonnement, Muet, Archive

Aujourd'hui, une rupture ne s'arrête pas quand on se dit « au revoir ». Terminez lorsque vous effectuez le nettoyage numérique. Parce que peu importe à quel point vous bloquez émotionnellement, si vous continuez à voir votre ex sourire sur Instagram avec des phrases indirectes suspectes, ou changer de look comme si vous aviez terminé le cours « regarde comme je suis bien sans toi »... Votre esprit ne cesse de lâcher prise. Et son cœur, pas tellement.

La désintoxication numérique n'est pas un drame, c'est prendre soin de soi. Il ne s'agit pas d'être radical, il s'agit d'être réaliste : vous ne pouvez pas guérir si vous continuez à espionner la plaie tous les jours.

1. Se désabonner n'est pas immature. C'est intelligent.

Si à chaque fois que vous allez sur Instagram vous ressentez de la douleur parce que vous avez vu qu'il aimait quelqu'un ou qu'il a posté une photo d'une « nouvelle étape », qu'est-ce que vous gagnez ? Rien. Seulement de l'anxiété. Ne plus suivre votre ex, vos amis, votre famille ou tout satellite émotionnel autour de vous n'est pas une vengeance. C'est une question d'hygiène mentale.

2. Muet : L'étape intermédiaire pour les courageux en cours de route

Si vous n'êtes pas encore prêt à supprimer, coupez le son. Histoires, publications, notifications. Loin de vos yeux, hors de la boucle. Vous n'avez pas besoin de voir tout ce qu'il fait pour confirmer qu'il est toujours en vie. Il n'est plus nécessaire d'être dans ce cinéma émotionnel où le même film se répète avec une triste fin.

3. Fichier : Nettoyez sans supprimer si vous ne pouvez toujours pas le lâcher

Des photos, des messages, des souvenirs. Si vous n'êtes pas prêt à supprimer, archivez. Il enlève du champ de vision tout ce qui vous tient dans la nostalgie. Vous n'avez pas besoin de tout détruire, mais vous devez le déplacer hors de la zone de danger. Parce qu'une mauvaise journée + une vieille photo = retombées garanties.

4. Mettre fin à la surveillance avec de vraies règles

Fixez-vous des limites : « Je ne vais pas revoir son profil pendant sept jours », « Si je m'inscris, je dois écrire ce que j'entends ensuite ». Et s'il tombe... Ne vous laissez pas abattre. Mais ne vous justifiez même pas. Prenez note de la crise émotionnelle qui vous a quitté. C'est la meilleure motivation pour ne pas le répéter.

5. Faites un nettoyage émotionnel prolongé

Supprimez les conversations qui n'ont plus de sens. Laissez les groupes où il est encore mentionné. Supprimez les chansons qui vous tirent vers le bas. Créez un espace numérique où vous êtes le centre, et non votre passé.

Une véritable détox numérique ne le concerne pas. Il s'agit de vous. Arrêter d'ouvrir des fenêtres qui ne mènent plus nulle part. Il s'agit de désactiver le bruit extérieur pour que vous puissiez l'entendre. Et, surtout, de le choisir à chaque fois que la nostalgie frappe à la porte déguisée en « Je voulais juste voir ce qu'il fait ».

Votre paix vaut plus qu'un coup d'œil. Votre progression, plus qu'une histoire. Et sa dignité... Vous ne négociez pas avec l'algorithme.

Que faire des objets et des souvenirs

Il y a ce moment dans le duel amoureux où vous tombez sur le pull qu'il vous a prêté, la lettre qu'il vous a écrite, les photos heureuses encadrées comme si tout avait été parfait... Et vous sentez que le passé vous saute dessus comme s'il n'avait jamais disparu. Que faire de tout cela ? Jeter? Sauvegarder? Le brûler dans un feu de joie cathartique au rythme d'une chanson rancunière ? Spoiler : ça dépend. Mais ce qui est clair, c'est qu'agir comme si de rien n'était ne fonctionne pas. Il est temps de s'y attaquer.

1. Faites un examen émotionnel, pas seulement visuel

Regardez chaque objet et demandez-vous : me rappelle-t-il une version heureuse de moi-même ou une blessure ouverte ? Tout ce qui vient du passé ne mérite pas de rester. Certains souvenirs sont des points d'ancrage. D'autres, des miroirs. Et plus encore... des ordures sous forme de nostalgie.

2. Créez une boîte de transition

Si vous n'êtes pas prêt à lâcher prise complètement, rangez tout dans une boîte. Appelez-le comme vous voulez : « Le Tombeau de

Cassi », quel qu'il soit. L'important est que ces objets ne soient pas à la vue de tous, décorant votre chambre comme des fantômes avec bon goût. Rangez-les dans un endroit difficile d'accès. Si en six mois vous n'avez même pas perdu... Vous savez ce qu'il vous reste à faire.

3. Donnez, donnez ou recyclez ce qui n'a pas de poids émotionnel

Des t-shirts, des cadeaux impersonnels, des livres qui n'ont jamais vraiment été les vôtres. S'ils ne vous brisent pas, ils ne vous attachent pas. Sortez-les de votre espace physique pour commencer à nettoyer votre espace émotionnel également. Parce que la place occupée par « ce qui était » est la même que celle qui pourrait être utilisée par « ce qui peut venir ».

4. Gravez, arrêtez ou supprimez si vous en avez besoin (oui, vraiment)

S'il y a des textes qui vous blessent, des photos qui vous font reculer, des objets qui symbolisent des promesses non tenues... Effectuez un rituel. Vous n'avez pas besoin de mettre le feu au drame de Queen (même si cela semble tentant). Mais vous pouvez écrire une dernière lettre, briser ce qui fait mal, boucler le cercle avec des actions physiques.

Parfois, le corps a besoin d'un geste pour que l'âme comprenne que c'est fini.

5. Numérique : Les photos, les messages, comptent aussi

Nettoyez votre galerie, vos réseaux et vos fichiers. Effacez ce que vous savez vous faire tourner l'estomac. Si vous n'y parvenez toujours pas, créez un dossier caché. Mais fixez-vous une date de révision : votre récupération ne peut pas dépendre d'une collection de selfies avec des filtres et des promesses expirées.

6. Quoi que vous décidiez de garder, que ce soit par amour de soi, pas par attachement

S'il y a quelque chose que vous appréciez vraiment, qui ne vous fait pas de mal et qui fait partie de votre histoire personnelle au-delà de la relation, garde-le avec respect. Mais ne laissez pas cela vous empêcher d'avancer, ou vous faire reculer à chaque fois que vous le voyez. La mémoire peut rester... tant que vous ne le prenez pas.

Votre espace reflète votre processus. Et si vous voulez aller de l'avant, vous avez besoin que votre environnement vous soutienne, pas qu'il vous sabote. Vous ne jetez pas des choses. Vous perdez du poids. Il fait place à la nouveauté. Vous le dites à l'univers et à vous-même : je n'oublie pas ce que j'ai vécu, mais je ne suis plus piégé là-bas. C'est tout... c'est la libération.

La différence entre la solitude et la solitude

Ils se ressemblent, mais ce n'est pas le cas. Être seul est une circonstance. Se sentir seul est un état émotionnel. L'un est externe, l'autre est interne. Vous pouvez être entouré de gens et vous sentir seul, ou vous pouvez être complètement seul et vous sentir en paix. Et après une séparation, cette différence devient cruciale. Parce que vous ne fuyez pas la solitude... Vous fuyez le vide qui vient lorsque vous vous déconnectez de vous-même.

Être seul signifie être sans compagnie physique à un moment donné. Vous pouvez choisir de dîner seul, de passer un week-end sans plan ou de dormir dans un lit qui a maintenant plus d'espace. C'est littéral. Il est neutre. Et parfois, c'est même nécessaire. C'est l'espace où votre voix intérieure cesse de rivaliser avec le bruit des autres.

La solitude, en revanche, est émotionnelle. C'est ce sentiment d'être abandonné, oublié, incompris. Cela ne se manifeste pas toujours lorsque vous êtes seul. Parfois, cela se manifeste au milieu d'une relation où vous n'êtes pas entendu, lors d'une fête où vous faites semblant d'aller bien, ou même dans une conversation où vous riez pendant qu'elle se brise à l'intérieur. La solitude est l'absence de connexion : avec soi-même, avec les autres, avec quelque chose qui a du sens pour soi.

Après une rupture, nous confondons les deux tout le temps. Nous avons peur d'être seuls parce que nous croyons que cela équivaut à se sentir vide. Non. Ce qui fait mal, c'est de ne pas être sans cette personne, c'est de ne pas savoir quoi faire du silence qu'il lui reste. Le problème n'est pas le temps libre, c'est le manque de but, de compagnie émotionnelle, de structure interne.

La bonne nouvelle, c'est qu'être seul peut devenir votre lieu sûr si vous apprenez à l'habiter sans vous enfuir. Il peut devenir l'espace où l'on découvre ce que l'on aime sans avoir à le partager, où l'on rit avec soi-même sans se justifier, où l'on s'y accroche sans avoir à demander de l'attention.

La solitude ne peut pas être guérie avec une entreprise externe. Il est soulagé par la présence intérieure. Et quand on apprend à être seul sans se sentir seul, on cesse d'accepter des miettes juste parce qu'on a quelqu'un à ses côtés. Parce que vous n'avez plus peur du silence. Parce que vous n'avez plus besoin que quelqu'un vous choisisse pour vous sentir précieux.

Être seul, c'est la liberté. La solitude est le pont que l'on traverse pour se retrouver. Et quand vous traversez ce pont... Il n'y a pas de retour en arrière. Parce que vous vous rendez compte que le véritable amour ne vient pas lorsque quelqu'un remplit votre vide, mais lorsque vous cessez d'en avoir peur. Et c'est ici que tout recommence.

L'indépendance émotionnelle comme superpouvoir

Pendant des années, nous avons été amenés à croire que le véritable amour a besoin de l'autre. Que si vous ne souffriez pas pour quelqu'un, ce n'était pas intense. Ce qui, si cela n'avait pas fait mal, n'aurait pas été profond. Cet être « entier » n'était possible qu'à côté d'un autre. Mais la vérité est que l'indépendance émotionnelle non seulement ne ruine pas l'amour... Cela vous rend plus réel, en meilleure santé et beaucoup plus puissant. Parce que lorsque vous cessez d'avoir besoin de quelqu'un qui se sent vivant, libre ou suffisant, vous devenez votre propre source. Et ça, ma chère, c'est un superpouvoir.

Être émotionnellement indépendant ne signifie pas que vous ne ressentez pas, n'aimez pas ou n'avez pas besoin d'affection. Cela signifie que vous ne vous effondrez pas si vous n'êtes pas aimé. Que vous puissiez conserver lorsque tout est en mouvement. Que vous ne donniez votre stabilité entre les mains de personne, peu importe à quel point vous êtes amoureux.

C'est regarder quelqu'un dans les yeux et lui dire : je t'aime, mais je n'ai pas besoin que tu sois heureux. C'est choisir de rester par désir, pas par peur d'être seul. C'est être capable d'entendre un « non » sans que votre monde ne s'effondre. C'est avoir de l'espace pour l'autre sans perdre le sien.

Lorsque vous êtes indépendant émotionnellement :

« On n'accepte pas les miettes parce qu'on n'a plus faim de soi-même ».

- Ne gardez pas le silence sur vos besoins par peur d'être abandonné.

« Vous ne jonglez pas émotionnellement avec quelqu'un pour le faire rester.

« Nous ne mendions pas l'affection, nous ne cherchons pas de réponses, nous ne cherchons pas à tourner la page là où il n'y a que le silence.

Avoir ce superpouvoir ne fait pas de vous un rocher froid et inaccessible. Il la transforme en une femme qui ne négocie plus sa paix. Chez ceux qui aiment la liberté, pas le manque. Chez quelqu'un qui sait être seul sans se sentir vide... et il la suivit sans cesser d'être-elle.

La meilleure partie ? Qu'il n'est pas nécessaire de naître avec ce pouvoir. Il est cultivé. Jour après jour. Décision après décision. De limite en limite. C'est le résultat de la guérison, de la connaissance de soi, de la chute et de la relève sans attendre que quelqu'un vienne à votre secours.

Et quand vous le faites, quelque chose change : vous attirez des liens plus authentiques, plus équilibrés, plus honnêtes. Parce que lorsque vous ne vous abandonnez plus, personne d'autre ne peut le faire sans que vous ne vous en rendiez compte.

L'indépendance émotionnelle n'est pas un bouclier contre l'amour. C'est la base d'un meilleur amour. Parce que quand vous n'avez besoin de personne d'autre pour respirer... Ensuite, vous êtes prêt à voler. Sur son axe. En son centre. En sa possession. Et cette fois, vous ne tombez pas. Vous vous levez.

Quand savez-vous que vous êtes prêt à sortir à nouveau ?

Il n'y a pas de date précise, il n'y a pas de formule magique, il n'y a pas de réveil qui sonne un jour et dit : « félicitations, tu es au-dessus de ton ex, sors et retombe amoureux ». Savoir si vous êtes prêt à recommencer ne dépend pas du calendrier... C'est vous qui décidez. Et il n'est pas mesuré par le nombre de semaines qui se sont écoulées, mais par ce que vous ressentez lorsque vous ne fuyez plus le passer ou que vous ne cherchez plus une coupure émotionnelle.

Vous serez prêt lorsque vous vous choisirez en premier. Lorsque vous n'essayez plus de vous distraire du vide, mais de partager en plénitude. Quand vous n'idéalisez plus ceux qui vous sourient. Lorsque vous ne confondez pas l'attention avec la connexion, vous ne vous attachez pas à la première personne qui vous envoie un SMS simplement parce que le silence vous rend moins mal à l'aise avec les notifications activées.

Vous êtes prêt quand voir votre ex ne vous taquine plus. Non pas parce qu'elle le déteste ou parce qu'il n'a pas d'importance pour elle, mais parce qu'il n'occupe plus le centre de son récit. Pourquoi ne le comparez-vous pas à toutes les nouvelles personnes que vous rencontrez. Parce qu'on n'a pas envie de prouver que « je peux aussi reconstruire ma vie » comme s'il s'agissait d'une compétition émotionnelle sur Instagram.

Vous serez prêt lorsque vous apprendrez à mieux vous connaître. Lorsque vous savez ce que vous voulez, ce que vous ne tolérerez pas, ce dont vous avez besoin dans une relation et quelles erreurs vous ne voulez pas répéter. Quand vos limites ne sont plus des châteaux de sable qui s'effondrent à chaque vague d'attention.

Vous êtes également prêt lorsque vous pouvez être seul et ressentir la paix, pas la douleur. Quand sortir avec quelqu'un est un choix et non une nécessité. Parce que l'amour le plus sain ne vient pas lorsque vous cherchez désespérément quelqu'un pour vous sauver, mais lorsque vous avez déjà réalisé que vous n'avez besoin de personne pour vous sauver.

Et si vous vous demandez : mais j'ai peur de m'ouvrir à nouveau, c'est normal. La peur n'est pas un signe que vous n'êtes pas prêt. C'est un signe que vous avez appris. L'important est de savoir où décider : la blessure ou la cicatrisation ? Faim ou envie ?

Alors ne vous précipitez pas. Ne sautez pas votre rythme à cause de la pression externe ou de la solitude mal gérée. Le moment venu, vous le saurez. Ce sera différent. Tranquille. Plus honnête. Plus vous. Et cette fois-ci, vous entrerez dans l'amour non pas pour vous compléter..., mais pour partager avec vous. Entier. Conscient. Libre. Et sans craindre de recommencer.

Eviter les relations « rebond »

Juste au moment où vous sortez d'une rupture, le cœur à moitié marqué et l'estime de soi chancelante, quelqu'un de nouveau apparaît. Il vous sourit bien, vous écoute, répond rapidement à vos messages et soudain vous avez des papillons... ou du moins un certain soulagement. Et c'est là qu'intervient le fameux « saut ». Cette relation qui n'est pas vraiment un nouveau départ, mais une extension émotionnelle de ce que vous n'avez pas encore fermé.

Les relations rebondissantes sont souvent intenses, urgentes et même magiques. Mais ils ne viennent pas d'un véritable désir de se connecter. Ils naissent de la peur du vide. Du désir de prouver que vous avez tout surmonté, même si vous regardez encore en arrière. Et si vous ne faites pas attention, ce qui ressemble à une opportunité s'avère être une autre douleur émotionnelle que vous ne saviez même pas que vous deviez gérer.

Comment savoir si vous vous engagez dans une relation de rebond ?

« Si cela vous donne la paix, c'est parce qu'il vous distrait, pas parce qu'il vous nourrit

"Si vous êtes plus concentré sur l'oubli de votre ex que sur la connaissance de la nouvelle personne

« Si vous vous adaptez trop rapidement sans vraiment savoir comment vous vous sentez

"Si vous avez peur d'être seul au lieu de vous enthousiasmer pour ce qui est en train de naître

— Si vous idéalisez le lien avec des phrases comme « c'est exactement ce dont j'avais besoin après tant de douleur » (surprise : ce n'est probablement pas le cas)

Le problème avec les relations de rebond n'est pas la nouvelle personne. C'est juste que vous êtes encore émotionnellement dans une autre histoire. Et utiliser quelqu'un pour combler un vide que vous seul pouvez combler est une façon involontaire de vous blesser. Et l'autre.

Alors, que faire ?

-Respirer. Tous les intérêts romantiques n'ont pas besoin d'être explorés tout de suite.

"Donnez-vous la permission de rencontrer des gens sans que cela implique une correspondance.

- Soyez honnête avec vous-même : recherchez-vous de l'affection ou de la validation ?

« N'oubliez pas que la guérison n'est pas une course. Et être seul pendant un certain temps n'est pas une punition, c'est une préparation.

Éviter une relation rebond ne signifie pas se fermer à l'amour. Cela signifie vous donner le respect de ne pas commencer quelque chose de nouveau alors que vous êtes encore enfermé à l'intérieur. Cela signifie lui dire : je mérite d'entrer dans ma prochaine histoire pour la clarté, pas pour la douleur. Et ce choix, même si personne ne le voit... C'est l'amour de soi dans sa forme la plus élégante.

Communication et limites dans les nouvelles relations

Lorsque vous décidez de rouvrir votre cœur, après une rupture qui vous a appris plus que ce que vous vouliez apprendre, il est facile de tomber dans deux extrêmes : se fermer complètement pour ne pas se blesser à nouveau... ou se jeter avec tout comme si le passé n'avait pas laissé de traces. Mais si vous voulez vraiment construire quelque chose de nouveau et de sain, vous avez besoin de deux choses : une communication claire et des limites solides. Non pas pour vous protéger de l'amour, mais pour protéger votre paix dans l'amour.

Communiquer, ce n'est pas beaucoup parler, c'est parler vrai

Dès le début, soyez vous-même. Ni celle que l'on aime, ni celle qui « ne veut pas paraître intense », ni celle qui s'adapte vite par peur de perdre. Il parle du centre, pas de la peur. Dites ce que vous attendez, ce qui est bon pour vous, ce que vous n'êtes pas prêt à répéter. Vous n'avez pas besoin de raconter tout votre traumatisme lors du premier rendez-vous, mais vous pouvez dire : « J'apprécie l'honnêteté », « Je ne cherche pas les jeux », « Je prends les liens au sérieux ». La clarté fait peur à ceux qui ne viennent pas avec de bonnes intentions. Et bénissez-le.

Les frontières ne s'éloignent pas, elles filtrent

Une frontière n'est pas un mur, c'est une porte à escalader. Ceux qui savent jouer, entrent. Ceux qui ne la respectent pas sont exclus. Vos limites doivent être fixées avant de tomber amoureux, car une fois que le cœur est impliqué, la tolérance se fait passer pour de la compréhension. Mettez vos non-négociables sur la table sans craindre d'avoir l'air dur. Les bonnes personnes n'ont pas peur de leurs limites, elles en sont reconnaissantes.

Exemples de limites saines et nécessaires :

« Si vous disparaissez sans prévenir, ce n'est pas pour moi. »

– « Je ne suis pas d'accord pour parler tous les jours s'il n'y a pas de lien clair. »

« Je ne veux pas d'une relation où je dois deviner ce que tu ressens. »

– « Je ne tolère pas le manque de respect, même pas comme une blague ».

Et n'oubliez pas : le silence communique aussi

S'il ne vous écoute pas, s'il minimise vos émotions, s'il se moque de vos limites, s'il évite d'avoir des conversations inconfortables... Cela en dit long aussi. N'expliquez pas plus que nécessaire à ceux qui n'ont pas vraiment d'intérêt à vous comprendre. Son énergie vaut plus qu'une explication répétée.

Votre nouvelle relation n'a pas besoin d'être parfaite, mais elle doit être saine

Et pour cela, il faut avoir le courage de s'exprimer dès le début. Non pas pour contrôler l'autre, mais pour construire quelque chose ensemble à partir de l'authenticité. Avec de l'espace, avec du respect, avec de la clarté.

La communication vous connecte. Les limites vous protègent. Et les deux, combinés, vous permettent d'aimer sans vous perdre dans la tentative. Cette fois, c'est différent. Cette fois, avec conscience. Cette fois, avec vous au centre. Comme cela aurait toujours dû être.

L'importance de la compatibilité et des valeurs partagées

Lorsque le cœur est amoureux, l'esprit se met généralement en mode « tout peut être fait ». Et bien sûr, au début, tout semble fonctionner : les conversations coulent, il y a de l'alchimie, ils rient des mêmes bêtises... Mais au fil du temps, ce qui soutient vraiment une relation, ce n'est pas de savoir s'ils aiment la même série, mais s'ils partagent des valeurs, des objectifs et des façons de voir la vie.

La compatibilité n'est pas qu'ils aiment les mêmes types de pizza. C'est juste qu'ils ont des rythmes similaires, des attentes similaires, des façons saines de résoudre les conflits, des idées similaires sur ce que signifie aimer, se guérir, s'engager. C'est être capable de construire quelque chose sans avoir à laisser des parties essentielles de vous-même en cours de route.

Les valeurs partagées sont ces piliers invisibles qui soutiennent la relation lorsque tomber amoureux devient un événement quotidien. Ce sont les convictions profondes : le respect, l'honnêteté, la fidélité, la liberté, l'engagement, la famille, la spiritualité, le travail, l'argent, l'épanouissement personnel. Vous n'avez pas à penser de la même manière à tout, mais vous devez penser à l'essentiel. Parce que si vous rêvez de construire une vie ensemble basée sur le respect et la communication, et que l'autre personne voit l'amour comme quelque chose de décontracté et sans responsabilités émotionnelles... Devinez qui se retrouvera avec un cœur pur.

La compatibilité émotionnelle est également importante. Si vous êtes expressif et que l'autre personne évite de parler de ce qu'elle ressent ; si vous croyez qu'il faut grandir ensemble et qu'il s'enfuit quand quelque chose devient sérieux ; Si vous appréciez l'honnêteté brutale et qu'il se cache derrière des silences passifs-agressifs... Il n'y a pas de juste milieu : il y a l'usure.

Et il ne s'agit pas de changer l'autre ou de s'adapter. Il s'agit de trouver quelqu'un avec qui vous êtes sans avoir à expliquer l'évidence. Où vous n'avez pas besoin de négocier vos valeurs pour vous intégrer, ou de justifier vos besoins pour ne pas paraître « difficile ».

Parce que lorsqu'il y a une véritable compatibilité, l'amour n'est pas un sacrifice constant. C'est une question de coopération, de fluidité, d'alignement sur ce qui est important. Les différences peuvent s'accroître, mais seulement si les bases sont solides et partagées.

N'ignorez pas les signes avec l'excuse de la passion. L'alchimie s'allume, mais les valeurs restent. Et si vous ne marchez pas dans la même direction, peu importe l'attraction qu'il y a... Tôt ou tard, vous vous lasserez de pagayer seul.

Alors cette fois-ci, avant de sauter dans le vide du « peut-être que ça va marcher », pesez-vous la question : avons-nous ce qu'il faut pour construire ? Ou tout simplement ce qu'il faut pour nous divertir pendant un certain temps ? Parce que vous n'êtes plus pour les relations avec une date d'expiration. Vous devez construire l'amour avec vos racines. Et cela commence par un choix conscient, et non urgent.

Leçons apprises et sagesse acquise

Chaque rupture, aussi douloureuse soit-elle, s'accompagne d'un cadeau déguisé en catastrophe : la possibilité d'apprendre. Bien sûr, au début, tout ce que vous voulez, c'est qu'il cesse de vous faire mal, que le monde vous rende votre dignité et que l'oreiller ne sente pas la défaite. Mais avec le temps, lorsque la poussière émotionnelle retombe, quelque chose s'active : une nouvelle lucidité, une sorte de radar que vous n'aviez pas auparavant. Nous l'appelons sagesse. C'est ce que nous appelons l'évolution. Nous l'appelons : « maintenant je sais ce que je ne veux pas ou je deviens fou ».

Une relation ratée ne vous définit pas. Mais il le révèle. Elle lui montre ses angles morts, ses besoins cachés, son vide déguisé en romantisme. Et si vous osez regarder honnêtement, vous constaterez que cette « erreur » était en fait un professeur aux mains froides et à la voix directe.

Des leçons que beaucoup d'entre nous ont apprises du sang émotionnel, mais qui valent leur pesant d'or :

« Aimer ne signifie pas se perdre soi-même.

« Même un silence prolongé est une réponse.

- Si vous devez mendier de l'attention, ce n'est pas de l'amour.

« La jalousie n'est pas une passion, c'est une insécurité à propos du parfum.

« Ce qui commence par l'anxiété se termine rarement par la paix.

« L'amour ne fait pas mal : ce qui fait mal, c'est l'absence d'amour de soi.

La sagesse post-rupture ne consiste pas à refroidir ou à éteindre l'amour. Au contraire : il s'agit de mieux choisir, d'en reconnaître les signes plus tôt, de prendre soin de soi avec plus de tendresse, d'aimer avec plus de conscience et moins d'illusion aveugle.

Vous savez maintenant que vous n'avez pas besoin de vous perdre dans quelqu'un pour vous sentir accompagné. Être seul n'est pas une malédiction, mais une opportunité. Que la prochaine fois, vous ne romancerez pas l'intensité, mais vous apprécierez la stabilité. Qu'il n'est pas intéressé à répéter l'histoire avec un autre nom, mais à en écrire une nouvelle avec une autre plume : la sienne.

Et si vous vous demandez si cela valait la peine d'en arriver là, pensez-y : vous êtes maintenant une version plus forte, plus claire et plus complète de vous-même. Maintenant, vous ne confondez plus l'attachement avec l'amour, l'attention avec l'affection, les promesses avec les actes. Maintenant, vous ne tombez plus amoureux du potentiel, mais des réalités. C’est tout... C'est la vraie conclusion.

Vous n'avez pas fait sauter la banque. Il s'est réveillé. Et c'est peut-être la plus grande victoire.

Sa résilience et sa force

Vous ne vous en rendez peut-être pas encore compte, mais vous êtes ici. Je suis en train de lire ceci. Respiration. Avançant. Même si parfois vous traînez les pieds, même si cela fait mal, même si vous ne comprenez pas comment vous en êtes arrivé là. Et cela, même si vous ne le voyez pas sur les réseaux sociaux ou si vous n'avez pas de médailles, est une forme de courage. Parce qu'il y a quelque chose de profondément puissant à aller de l'avant quand tout en vous vous demande de vous abandonner. C'est ce qu'on appelle la résilience. Et vous l'avez fait.

La résilience ne consiste pas à « être fort » tout le temps. Il ne s'agit pas d'avaler des larmes, de sourire en faisant semblant ou de convaincre le monde que vous allez bien. La résilience, c'est se laisser tomber sans tomber au sol. C'est avoir des conversations inconfortables avec soi-même. C'est se reconstruire à partir des morceaux, sans manuel, sans garanties, seulement avec l'envie obstinée de retrouver la paix.

Votre force ne se mesure pas à combien vous avez lâché prise, mais à combien vous avez appris à lâcher prise. Pour chaque « non » que vous aviez du mal à dire. Pour chaque message que vous n'avez pas envoyé, même si vous ne pouviez pas attendre pour le faire. Pour chaque fois que vous vous choisissez, en tremblant, au lieu de revenir au même cycle familial juste par peur d'être seul.

Et non, ce n'était pas facile. Droite. Mais voilà. Avec un cœur marqué, oui, mais aussi avec une lucidité nouvelle, une dignité renouvelée et une boussole émotionnelle que je n'avais pas auparavant. Vous avez construit tout cela. À votre rythme. À votre façon. À chaque décision inconfortable qu'il prenait pour son bien-être.

Votre résilience n'est pas invincible, et elle n'a pas à l'être. C'est normal de pleurer, de vaciller, de se retirer. L'important est que vous n'ayez pas complètement abandonné. Même les jours gris, vous devez continuer à parier sur vous-même. Puissiez-vous continuer à croire, même si ce n'est qu'un peu, que le meilleur est encore à venir.

Parce que la vérité est que vous n'êtes plus les mêmes qu'avant. Vous êtes plus sage. Plus attentif. Plus compatissant avec vous-même. Et cette force que vous portez en vous aujourd'hui, cette force qui n'est pas toujours perceptible de l'extérieur, est-ce qui vous soutiendra dans le prochain chapitre.

Un que vous écrirez à partir de votre centre, et non de votre blessure.

Par conséquent, regardez-vous avec respect. Non pas à cause de ce que vous avez perdu, mais à cause de tout ce à quoi vous avez survécu. Et n'oubliez pas : si vous avez réussi à vous en sortir, vous pourrez arriver là où vous voulez aller. Parce que sa force ne crie plus. Il marche avec vous. Constant. Serena. Et prêt à recommencer, cette fois-ci... avec vous aux commandes.

Vous êtes plus fort que vous ne le pensez

Résumé des points clés

Survivre à une rupture, ce n'est pas seulement laisser partir quelqu'un : c'est se trouver soi-même. Parfois, cela semble impossible, d'autres fois, cela fait plus mal que je ne pensais pouvoir le supporter. Mais pas à pas, larme après larme, silence après silence, quelque chose commence à guérir. Et si vous êtes arrivé jusqu'ici, si vous avez lu toutes ces lectures, si vous faites le travail de regarder à l'intérieur, alors permettez-moi de vous rappeler dans toutes vos lettres : vous êtes plus fort que vous ne le pensez.

Voyons ce que vous avez déjà semé dans ce processus :

« Vous avez reconnu la douleur sans ne la minimiser ni la masquer. Vous l'avez compris, il n'y a pas de raccourcis et que la douleur est une partie nécessaire du voyage.

« Vous avez appris à ressentir vos émotions sans peur, en validant votre tristesse, votre colère, votre confusion et en leur donnant de l'espace sans les laisser vous définir. »

« Vous avez compris ce qu'est le zéro contact, comment le mettre en œuvre et pourquoi il est essentiel de se reconstruire à l'abri des retombées émotionnelles.

« Vous avez commencé à vous reconnecter avec vous-même, avec vos valeurs, vos passions, vos objectifs, votre autonomie, votre santé et votre bien-être général.

« Vous avez réalisé que l'amour sain ne vient pas du vide et que vous n'avez pas besoin d'un rebond ou d'une validation externe pour vous sentir précieux.

« Vous vous êtes rappelé qu'être seul n'est pas la même chose qu'être vide et que la solitude peut être un terrain fertile pour s'épanouir.

« Vous avez commencé à pratiquer une communication consciente et à fixer des limites fermes dans vos nouvelles relations, non pas par peur, mais par respect de soi.

« Vous avez appris à identifier des schémas, à pardonner avec votre cœur (et non avec de la naïveté) et à choisir à nouveau sans répéter ce qui vous a déjà brisé.

« Vous avez réitéré que la compatibilité émotionnelle et les valeurs partagées sont plus importantes que n'importe quel papillon momentané.

« Et surtout, vous avez réalisé que votre résilience n'est pas mesurée par la quantité d'amour que vous avez donnée, mais par la quantité d'amour que vous vous êtes donné en retour.

Chaque pas qu'il faisait était une graine. Et même si vous ne voyez maintenant que la terre troublée, avec le temps, vous verrez germer une version plus solide, plus consciente et plus lumineuse de vous. Vous n'êtes plus à la recherche de quelqu'un pour vous sauver. Ne cherchez plus l'amour comme si vous n'étiez pas digne de le recevoir sans douleur. Maintenant, vous marchez avec une nouvelle certitude : si vous m'avez, je ne me perdrai plus.

Ce n'est pas la fin. C'est la renaissance.

Et vous, âme courageuse, vous faites mieux que vous ne le pensez.

N'oubliez pas : il ne s'agit pas de survivre à votre ex, il s'agit de survivre à vous-même lorsque vous avez aimé quelqu'un qui ne vous aimait pas bien.

À propos de l'auteur

Alina A. Rubi est une psychologue, écrivaine et éducatrice qui se passionne pour le pouvoir des mots et de l'écoute pour transformer des vies. Au fil des ans, elle a consacré sa carrière à accompagner les gens dans leurs processus de connaissance de soi, de guérison émotionnelle et de développement personnel, toujours dans une perspective chaleureuse, respectueuse et profondément humaine.

Diplômée en psychologie, Alina s'est spécialisée dans le travail sur les liens familiaux, les dynamiques interpersonnelles et les modèles appris dès l'enfance. Son approche intégrative combine une théorie solide avec un regard acéré et empathique sur les expériences uniques de chacun. Elle a travaillé à la fois dans des consultations individuelles, des ateliers et des espaces de groupe, aidant les autres à comprendre la racine de leurs blessures émotionnelles, à établir des limites saines et à redéfinir leur relation avec eux-mêmes et les autres.

Alina croit fermement que la psychologie n'est pas seulement un domaine d'étude, mais un pont vers la liberté personnelle. C'est pourquoi elle consacre une bonne partie de son temps à l'écriture, convaincue que les connaissances psychologiques doivent être à la portée de tous. Ses textes, accessibles et réfléchis, tentent d'éclairer des sujets souvent tabous, tels que les traumatismes familiaux, les sentiments de culpabilité, la difficulté à dire « non » ou le poids des loyautés invisibles. Son style combine la rigueur professionnelle avec un langage simple et souvent humoristique, pour aider à digérer des vérités qui peuvent être inconfortables mais nécessaires.

En plus de sa pratique clinique et de son aspect rédactionnel, Alina a également participé à des programmes de formation pour les professionnels et collaboré à des projets communautaires axés sur la santé mentale. Il s'intéresse particulièrement à la prévention : enseigner à reconnaître les schémas nocifs avant qu'ils ne se perpétuent de génération en génération. Pour elle, briser les cycles familiaux n'est pas un acte de trahison, mais le plus grand signe d'amour possible : la décision consciente de ne pas hériter de la même douleur des autres.

Fervente défenseure du pouvoir de l'écoute, Alina croit que de nombreuses blessures ne commencent là où personne ne pouvait ou ne voulait vraiment ressentir. C'est pourquoi, lors de votre consultation, vous donnez de l'espace à toutes les voix : même les parties les plus blessées, en colère ou embarrassées de chaque personne. Son but est que chacun puisse se réconcilier avec sa propre histoire, la renouveler et vivre avec plus d'authenticité et de paix.

Aujourd'hui, Alina Rubi continue d'écrire, d'assister, d'enseigner et d'apprendre. Son travail témoigne de sa profonde conviction : nous méritons tous de construire une vie dans laquelle nous n'avons pas à choisir entre aimer les autres et nous respecter. Car pour elle, la psychologie est bien plus qu'un métier : c'est un outil permettant à chacun de devenir un narrateur conscient et compatissant de sa propre histoire.

www.ingramcontent.com/pod-product-compliance
Lightning Source LLC
LaVergne TN
LVHW040439051026
849517LV00002B/683
* 9 7 9 8 2 3 1 8 0 7 9 8 7 *